JN287761

肥前方式親訓練プログラム

AD/HDをもつ子どものお母さんの学習室

独立行政法人 国立病院機構
肥前精神医療センター情動行動障害センター 編

大隈紘子・伊藤啓介 監修

二瓶社

まえがき

　平成16年に「発達障害法」が成立し、遅れていた発達障害（注意欠陥／多動性障害〔AD/HD〕もその中に含まれるのですが）への、法に基づく取り組みがスタートすることになりました。わが国ではこの頃から、AD/HDが社会的な注目を浴びるようになりました。この障害をもつ小学生の学校での様子や、担任教師や学校当局の取り組みがテレビ番組で取り上げられ、親の体験を書いた本、専門家の本、治療指針（ガイドライン）などが次々と出版されるようになりました。

　ところで、「親訓練」とは、さまざまな障害をもつ子どもの親に、行動療法の理論を系統的に講義し、さらに実習してもらうことによって、自分の子どもの困った行動に対処できるようになってもらうものです。親訓練は1960年代にアメリカを中心に始まりました。その後、さまざまな介入が試みられ、評価がおこなわれ発展してきました。現在では、方法論をもつ確立した治療法の一つとして認められるようになり、子どものいろいろな問題を治療する際の基本的な方略として定着してきています。

　ところで私たちは、平成10年に精神遅滞や自閉症などの発達障害をもつ子どもの親を対象にした実践的な本、『お母さんの学習室――発達障害児を育てる人のための親訓練プログラム』（二瓶社）を出版しました。この本はわが国で最初に出版された親訓練の本であると思っています。ここで紹介した方法がHPST（Hizen Parenting Skills Training：肥前方式親訓練）として、その後実践する治療者が各地で拡がっていることをうれしく思っています。数年前には第3刷を出すことができました。

　この『お母さんの学習室――発達障害児を育てる人のための親訓練プログラム』の出版を終えた後、平成11年の春から、私たちはAD/HDの子どもの親訓練の開発に着手しました。AD/HDの子どもの親が困っていることは、発達障害の子どもの親が困っていることと多少の違いがありました。AD/HDの子どもでは、身辺自立の問題は少ないのです。ところが、朝の登校準備が間に合わない、食事中に頻回に食卓を離れる、宿題がなかなか終わらない、見過ごせ

ないきょうだいげんかを繰り返すなど、毎日の家庭生活の中で困った問題が多くあることがわかりました。また、保育園や幼稚園、学校などでも保育士や教師、あるいは友達との関係でしばしば問題を起こしていることも親の悩みであることがわかりました。親は自分の子どもに言うことをきかせられないことで、自分の養育の仕方やしつけに自信をもてずに、抑うつに陥ってしまっていることも少なからずありました。あるいは、子どもに言うことをきかせようと強い態度でしつけをおこなうと、親子ともにイライラして、結果として、親子関係が険悪になってしまい、場合によっては虐待に陥ってしまう危険があることがわかりました。AD/HDの子どもは普通の子どもの数倍、虐待を受けやすい、虐待のハイリスク児であると言われていることが、私たちも実感できました。

　私たちは、発達障害児の親訓練プログラムの開発の経験をもとに、AD/HDの子どもの親訓練プログラムを開発しました。そのプログラムではまず、AD/HDの正しい理解を親ができるように工夫や改善を重ねました。この子どもたちの親がしばしば陥る誤解を解いてもらうようにプログラムの講義を工夫しました。また、親が強く怒ったりしなくても、子ども自身が自分のことをできるように、プログラムを系統的に組み立てました。その一部を紹介すると、親は子どもの周りの環境調整の手助けをおこないながら、子どもの成功体験をつくり、その成功体験を褒め、子どもがポイントを獲得できるようにします。また、子どもたちの問題行動が多い公共の場所（家族での外出や外食、地域での子ども行事への参加など）、あるいは親類の行事などに、子どもを連れて行くときの工夫の仕方も講義し、子ども時代の社会経験をこの子どもたちも無事に、楽しく、経験させるためのポイントなどを講義の中に入れました。

　この本では、私たちの「AD/HDをもつ子どものお母さんの学習室」の様子が、具体的によくわかるように配慮しました。第1章では、親訓練の歴史や概要を記載し、さらにAD/HD児の親訓練の特徴について述べています。第2章では、AD/HD児の親訓練の講義を読者が追体験できるように講義録を示しています。第3章では、このプログラムに参加した、いく組かの親子の実際をプログラムの経過に従って、どのように良くなっていったか代表的な事例を示しています。さらに、第4章では、この学習室で用いる親子のアセス

メントの用紙、実際に親に配布する私たちで作ったテキストや資料などを載せています。

　この「AD/HDをもつ子どものお母さんの学習室」には親だけではなく、治療者も行動療法を学習する活動として参加しています。この親訓練プログラムはAD/HD児のためのものですが、ここで得る知識や方法には普遍性があります。行動療法を研修中の治療者は、この教室に治療者として参加し、子どもから大人までの精神科の臨床に役立つ視点や技術を、具体的に、実践的に、確実に習得できます。

　このAD/HD児の親訓練の研究と実践には9人の著者の他にも、多くの人たちが参加しました。矢津田三夫（療育指導室長、現国立病院機構熊本再春荘病院）、西鶴律子（療育指導室長、現国立病院機構南九州病院）、最所知枝子（保育士）には、当国立病院機構肥前精神医療センターの職員として、この新しいプログラムの講義を担当してもらいました。またスタッフミーティングの場面では、長年の子どもの療育経験からの実践的な意見をもらいました。森山民絵（医師）、木下直俊（医師）、瀬口康昌（医師）、中村理子（医師、現吉田病院）、実松寛晋（医師、現福岡市精神保健福祉センター）、斎藤陽子（医師、現兵庫県こころのケアセンター）、大林長二（医師、現大分県立病院）、甲斐恵利香（医師、現国立病院機構西別府病院）には、小児・思春期部門として、このプログラムに参加してもらい、講義や託児室担当などの仕事をしてもらいました。この学習室には多くの研修生の参加もありました。特に、このプログラムの研修生として弟子丸元紀先生（医師、元国立療養所菊池病院院長）に来ていただいたことは、とても励みになりました。子どもの精神科臨床に対する先生の誠実で真摯な態度を、私たちもお手本にしなければならないことを教えられました。なお研修生として、福岡県立大学人間社会学部大学院生、久留米大学文学部大学院生、西九州大学社会福祉学部大学院生、佐賀市嘉瀬幼稚園保育士の参加がありました。

　この他にも、小原葉子（医師、現吉田病院）、金城祐子（医師、元国立療養所琉球病院、現肥前精神医療センター）、中山政弘（児童指導員、元福岡県立大学人間社会学部大学院生、現肥前精神医療

センター）など、多くの方々に協力していただきました。

　これらの方々のご協力に編著者を代表してお礼を申し上げます。

　最後に、平成16年度から独立行政法人国立病院機構肥前精神医療センターと名称が変わった、元国立肥前療養所の児童思春期部門の研究や臨床をいつもサポートしていただいた病院の皆様にもお礼を申し上げます。とくに、山上敏子先生（元国立肥前療養所・情動行動障害センター長）と内村英幸先生（元国立肥前療養所所長）には終始、貴重なご助言をいただき、AD/HD児の親訓練を早く本にするように励ましていただいたことに改めて感謝の意をここに表します。

　なお、この研究は、平成11・12・13年度の厚生労働省精神・神経疾患研究委託費（注意欠陥／多動性障害の診断・治療ガイドライン作成とその実証的研究）を受けました。

　　　平成17年1月　　編集を終えて

　　　　　　　　　　　　　　　　　　　　大隈紘子
　　　　　　　　　　　　　　　　　　　　伊藤啓介

目　次

まえがき　*iii*

序章　肥前方式 AD/HD 児の親訓練プログラム　………　1

1．親訓練（ペアレントトレーニング）の意義　1
2．親訓練の歴史と拡がり　2
3．AD/HD 児への親訓練はなぜ必要か　4
4．発達障害児に対する
　　肥前方式親訓練プログラムの開発と効果　6
5．肥前方式親訓練プログラムによる AD/HD 児への効果　8
6．AD/HD 児のための HPST プログラムの構成と効果　13

第1章　セッション1：
　　　　AD/HD 児の学習室の基本的な考え方　………　29

1．はじめに　29
2．AD/HD（注意欠陥／多動性障害）を
　　正しく知っていますか？　34
3．AD/HD の図書の紹介　35
4．お母さんが家で困っている
　　子どもさんの問題は何でしょうか？　39
5．この学習室の要点　40
6．この学習室とお薬の併用　41
7．この学習室のキーワード　42

第2章　セッション2：治療例の紹介　……………………　43

1．はじめに　43
2．自分の子どもを知る　43
3．目標を決める　44

4．子どもの行動に取り組む際のポイント　45
　　5．事例の紹介　45

第3章　セッション3：観察と記録　53

　　1．はじめに　53
　　2．目標行動の設定の仕方　53
　　3．目標行動の分類　55
　　4．記録の仕方　57
　　5．最後に　63

第4章　セッション4：強　化　65

　　1．強化とは　65
　　2．強化子の種類　67
　　3．強化子を用いる際の留意点
　　　　――強化子の力を最大限利用するための秘訣　69
　　4．強化スケジュール　71
　　5．さまざまな強化の仕方　72

第5章　セッション5：ポイントシステム　75

　　1．はじめに　75
　　2．トークンシステム　75
　　3．レスポンスコスト　84
　　4．トークンシステム適用のコツ　85

第6章　セッション6：環境の整え方　87

　　1．はじめに　87
　　2．子どもの行動、特徴をよく理解すること　87
　　3．環境調整　88
　　4．スケジュール　90
　　5．約束表　94

6．課題の工夫　　96

第7章　セッション7：消去・タイムアウト……………99

　　1．はじめに　　99
　　2．困った行動はどのように維持、強化されているのか：
　　　　行動観察　　99
　　3．消去という考え方　　100
　　4．困った行動を減らすための具体的方法：
　　　　計画的無視で消去する　　101
　　5．困った行動を減らすための具体的方法いろいろ　　104
　　6．それでも困った行動が減らないときの方法：
　　　　タイムアウト　　106
　　7．最後に――悩んだ時のチェックリスト　　109

第8章　セッション8：外出先での工夫・対処法 … 111

　　1．はじめに　　111
　　2．外出先でどんな経験をしましたか？　　111
　　3．外出先での工夫をはじめる前に　　113
　　4．前もって対応を考える、計画を立てる　　113
　　5．子どもに復唱（リハーサル）させる　　116
　　6．外出先でのタイムアウト法　　118
　　7．おわりに　　121

第9章　食事と宿題がスムーズに
　　　　　やれるようになったＡ君の例……………………123

第10章　歯磨きと服のカゴ入れが
　　　　　できるようになったＢ君の例……………………131

　　1．対象児　　131
　　2．訓練経過　　132

3．まとめ　*137*

第11章　家庭での行動から、学校での行動に改善がみられたC君の例　…*139*

1．対象児　*139*
2．訓練経過　*140*

資料編 ……………………………………………… *147*

資料1　本プログラムで使用したテキスト　*149*
資料2　ホームワークシート　*168*
資料3　目標行動評価シート　*172*
資料4　質問紙とアンケート　*173*

著者紹介　*180*

装幀・森本良成

序章 肥前方式AD/HD児の親訓練プログラム

1．親訓練（ペアレントトレーニング）の意義

　　親訓練とは、親は自分の子どもに対して最良の治療者になることができるという考えに基づいて、子どもに対してではなく、親に対しておこなわれる訓練のことを言います。

　　親は、子どもの養育者であると同時に、人としての行動モデル（お手本）でもあり、子どもにしつけをする人でもあり、さらに子どもが社会に羽ばたいていけるように後押しをする人でもあります。子どもがさまざまな問題行動を起こすと、親はそれに対応します。しかし、問題行動が子どものさまざまな障害と同時に生じているときは、正常発達の子どもに対応する場合に較べて、親の対応が格段に難しくなることがあります。たとえば、ひどいかんしゃく、反抗、多動、なかなか身につかない身辺自立行動（排泄、着脱衣、食事、洗髪、歯磨きなど）などを前にして、親は子どもにどのように応じたら子どもの行動がよくなるのかの見通しが立たずに、困ってしまいます。親によっては、イライラしたり、憂うつになったりします。言い換えると、子どもの養育に多くの努力をはらっているにもかかわらず、その努力が報われなければ、親に無力感や自責感が高まり、そのため養育能力が低下することもあります。その結果、子どもが本来もっている能力を十分に引き出せなくなってしまいます。

　　親訓練の考え方の基本は、障害のある子どもをもつ親が自分の子どもの養育技術を学習することができるという考えです。この考え方では、治療者は親に、子どもに対処したり家庭内の関係を改善する技術と方法を教えます。親は子どもとの毎日の関わりのなかで、子どもの行動や反応を観察しています。子どものことは親にしかわからないことがあります。親は治療者に家庭での行動について具体的で詳細な情報を報告できます。親訓練では、親と治療者は相互に

知識を分け合いながら、子どもの利益のために共同して治療を進めるのです。要約すると、親訓練では、親に行動療法の考えに基づいた訓練をおこない、子どもの養育が適切にできるように援助します。親訓練は行動療法のいくつかの技法を組み合わせて使うことが一般的です。

2．親訓練の歴史と拡がり

　親訓練は1960年代にアメリカを中心に、行動療法の発展型の一つとして始まりました。親訓練の対象になった子どもは、初期には精神遅滞児や自閉症児でした。これらの子どもたちに親が家庭で、身辺自立に関する行動、言語に関する行動、自傷や攻撃行動などを対象とした家庭でのプログラムに基づいた訓練をおこなっていました。

　子どもの訓練者は父親でも母親でもかまわないのですが、実際おこなわれたものは大多数が母親によるものでした。訓練場所は家庭外（病院や療育センターでの通院による）訓練と、担当スタッフが自宅訪問をしておこなう訪問訓練（在宅訓練）の2種類の方法がおこなわれています。訓練の方法も、系統的なプログラムはなくその時々に必要な訓練をおこなうものから、あらかじめ決められたプログラムに従って一定期間の定期的な訓練を系統的におこなうものがありました。また、訓練対象者の人数についても、1人の親を対象におこなう個別親訓練だけではなく、複数の親を対象にした集団親訓練もおこなわれました。集団親訓練は、7～10人程度の小集団が効果的であることが明らかにされています。

　その後、親訓練の対象は広範囲に拡大しています。1960年代の終わり頃から、いわゆる小児心身症にも親訓練がおこなわれるようになりました。1970年代になると、親訓練の対象となる子どもの問題行動はさらに拡大し、親の言うことを聞かない不従順で、反抗的で、攻撃的な子ども（反抗－挑戦性障害、注意欠陥／多動性障害：AD/HD）の親訓練の報告が出てきました。この頃に、非行児の親訓練の報告も見られるようになっています。さらには、さまざまな身体的な合併症をもつ子どもの親訓練が効果的であることが明らかにされています。

　1980年頃までの親訓練を第一世代の親訓練と呼んでいます。そこ

では、訓練を受ける親の精神状態や経済状態、結婚生活の状態などの親の側の背景への配慮はなされていませんでした。もっぱら、子どもの問題行動だけを治療対象にしていました。親訓練の研究課題は、母親を治療者にするにはどのような訓練（教材、講義、宿題、子どもの望ましい行動への親の強化の方法、フィードバックの仕方、集団療法、評価方法の開発など）をおこなえばよいかについての実践的な研究でした。その後、親訓練をおこなった経験の集積から、親訓練が成功すると予測できる親の側の条件が明らかにされるようになりました。その結果では、親訓練が成功するためには、次の3つの条件が明らかになりました。第1に親に経済的困難がないこと、第2に親にうつ病がないこと、第3に親が子どもに過度に支配的でないこと、の3条件です。さらに、親の結婚満足度が低い場合には、親訓練が成功しにくいという報告も見られるようになりました。

　1980年代になると、親訓練は第2世代と呼ばれる時代に入りました。そこでは、これまでの親訓練の脱落例や失敗例が詳しく検討され、たとえば経済的問題、夫婦不和、親の社会的孤立、親の精神障害、などの家族の問題をもっている母親も親訓練の対象としました。さらに、子どもだけの問題ではなく、家族の問題が子どもの養育に悪い影響を与えている場合にも効果を上げるような親訓練が報告されただけではなく、親子関係障害の親訓練の効果も明らかにされてきました。

　1980年代の終わり頃に出版された『共同治療者としての親訓練ハンドブック』（Schaefer, C.E., & Briesmeister, J.M., 1989；邦訳上　下巻、1996、二瓶社）に、それまでの親訓練がまとめられています。その中には、言語遅滞児、自閉症児、注意欠陥／多動性障害（AD/HD）、夜尿症、登校恐怖症（不登校）児などの親訓練だけではなく、親子関係障害の親訓練もあります。そこでは、成長（発育）不全の子ども、愛着行動の形成に失敗した子ども、被虐待児、養子や里子の子ども、などの親訓練の方法が提案されています。

　1990年代になると、親訓練の研究は訓練過程の要因に関する研究や、薬物療法との比較研究へと進むようになりました。この研究は多動の子どもを中心におこなわれています。親訓練と薬物療法の両者とも子どもの問題行動の改善に有効との結果が出ていますが、親

訓練と薬物療法の併用は薬物を少量にでき、薬物の副作用を少なくできることが報告されています。

2000年代になると、AD/HDの心理社会的治療として親訓練が効果的であることがさらに明らかになり、AD/HDの予後を改善するためには長期間治療を続けることが必要であることがわかったり、アメリカ以外の国でも、たとえば台湾でのAD/HD児の親訓練も効果的であるという研究結果が出ています。

まとめると、親訓練は1960年代に生まれ、その後さまざまな障害に対して、さまざまな介入や評価がおこなわれ発展してきました。現在では、方法論をもつ確立した治療法としての位置を占めるようになっています。親訓練は、子どものいろいろな問題の治療の際の基本的な考えとして定着しているのです。

3．AD/HD児への親訓練はなぜ必要か

AD/HDの子どもを育てることは通常の子どもを育てるのに較べて格段にストレスが多いと言われています。親の指示を最後まで聞けずに言われたとおりにできなかったり（不注意症状）、椅子にじっと座っていなかったり、道路に急に飛び出したり、親の話の途中で話したり、などの多動性－衝動性の問題がしばしばあります。幼少時から親の言うことを全く聞こうとしない不従順の問題などのために、親は次々と養育困難な場面に直面させられます。親はしばしば周囲の人たちから、場合によっては家族や親戚の者からさえも「しつけ不足」とか「愛情不足」という非難を受けます。そのために、親は子どもの問題を解決できないことに疲れ、強いストレスやうつ状態に陥りやすいのです。さらには、親として子どもに言うことを聞かせようと強い姿勢で養育をおこなう場合には、親子関係を阻害し、ひどくなると親子が敵対的な関係に陥りやすいのです。時には虐待になってしまう危険性もあります。現実問題として、AD/HDの子どもは親からの虐待を受ける危険性の高い子どもでもあるのです。

さらに、AD/HDの子どもの両親の間もうまくいかなくなる場合も多くなります。母親は疲れ、強いストレス状態やうつ状態になり、子どもへの対応についても両親の間で意見が異なり、言い争いにな

ることがあります。あるいは来客があったり、家族で買い物や外食に出かけた外出先などで、親の子どもへの応対が家族だけでいる場合の応対と異なり、子どもの行動に対して一貫性が保てない場合があります。その結果、さんざんな外出になり、夫婦げんかになったりすることもあります。結果として、両親がうまく育児で協力することが少なくなります。その結果、子どもを外食や家族旅行や地域行事などの家庭外の場に連れ出さなくなりがちになります。子ども自身は子ども時代に体験できる機会を与えられないまま養育されることにもなります。

　AD/HD児の特徴は生活場面で強く現れやすいのです。AD/HDの子どもと個別で面接したり、診察したりする場合には、多動、注意持続困難、衝動性といった問題が出現しないことも多いのです。ところが、母親やきょうだい児、他の大人が加わる多人数場面になると、とたんに問題が生じる子どもがいます。親からの話を聞くと、問題行動は家庭内や学校といった集団場面に多く出現することが多いのです。AD/HDの症状が現れやすい家庭という環境の中で、親は日常生活における具体的な対応方法を学習することが必要です。

　さらに、AD/HDの子どもの悩みと二次障害と合併症を防止するためにも親訓練は役に立ちます。AD/HDの子どもは好き勝手をし続けているように見えるので、子ども自身の悩みは少ないように思われるかも知れませんが、AD/HDの子どもも内心悩んでいることが多いのです。実際、AD/HDの子どもの自己評価は低いことが普通です。自分は友達やきょうだいのようにうまくできないと自分でも思うようになりがちです。小学校高学年頃になると、周囲から認められることなくさらに追いつめられて、自暴自棄になって友人としばしばトラブルをおこし、反抗挑戦性障害、あるいは行為障害などの二次障害としての合併症に発展してしまうことがあります。また、「自分はだめな子どもである」と自信を失い、自己評価の低下を生じる場合があります。二次的に生じる合併症を防止するためにも、二次障害の発生前からおこなう効果的な心理社会的治療法（その代表がAD/HDの親訓練です）は重要です。

　AD/HDの親訓練は薬物療法との組み合わせで用いられることもあります。しかし、薬物療法が効果がない子どもや重大な副作用がある場合、あるいは服薬への両親の抵抗が強く、AD/HDの代表的

な薬物であるメチルフェニデートなどの薬物が使用できない場合もあります。薬物療法が有効な場合でも、家庭内で過ごす夕方から夜間にかけては薬物の効果が期待できない場合もあります。また、薬物の効果を得るにはかなり多量の薬物が必要になることもあります。そのため、薬物以外の効果的な治療法として親訓練が必要になったり、必要な薬物の量を少なくするために親訓練を併用することを勧める場合もあります。

4．発達障害児に対する肥前方式親訓練プログラムの開発と効果

　私たちは1991年から発達障害児の親を対象に、肥前方式親訓練（Hizen Parenting Skills Training、以下HPSTと略）プログラムを開発し、その効果を研究してきました。その詳細はすでに、1998年に『お母さんの学習室——発達障害児を育てる人のための親訓練プログラム』（二瓶社）という本にして出版しています。発達障害児のHPSTプログラムの詳細はこの本を参照してください。

　ここでは、HPSTプログラムの概略を述べます。HPSTプログラムは、知的障害、自閉症、AD/HDなどの発達障害児の親に行動理論に基づいた講義と実習を系統的におこない、親が自分の子どもに対して適切な養育技術を獲得できるように、集団形式でおこないます。毎回の集団は5～9名の母親です。HPSTプログラムは週1回、1セッションは2時間で、合計10セッションです。なお、このプログラムの前と後（合計、2セッション）に、子ども、および親のアセスメントをおこない、プログラムの効果を測定しています。

　HPSTプログラムを表0-1に示します。表0-1から明らかなように、第1セッションから第7セッションまでは、セッションの前半に1時間の講義があります。そこでは行動療法や行動理論に基づいた内容を系統的に具体的に子どもにすぐ用いることができるような症例の紹介などをおこないながら、わかりやすく説明します。母親は家庭で自分の子どもを相手に実習と行動の記録をおこない、宿題（ホームワーク）をしてきます。セッションの後半は小グループに分かれての検討会です。プログラムの開始に先立ち、あらかじめ指定された小グループ（2～3人の母親）毎に、グループの担当スタッフとともに、前のセッションで出された宿題を基に家での具体的で適

表0-1 発達障害児のためのHPSTプログラム（スケジュール表）

セッション	出欠	内容	VTR撮影
治療前		子どもと親のアセスメント	
1		オリエンテーション／自己紹介 講義：概論（HPSTの考え方と方法）	
2		講義：学習室の実例の紹介 グループミーティング（個別課題の検討）	
3		講義：行動の観察と記録の仕方 グループミーティング（個別課題の検討）	○
4		講義：望ましい行動を増やすには グループミーティング（個別課題の検討）	○
5		講義：できないときの手助けの仕方 グループミーティング（個別課題の検討）	○
6		講義：環境の整え方 グループミーティング（個別課題の検討）	
7		講義：困った行動を減らすには グループミーティング（個別課題の検討）	
8		グループミーティング（個別課題の検討） ビデオ視聴・全体ミーティング	○
9		グループミーティング（個別課題の検討） ビデオ視聴・全体ミーティング	○
10		グループミーティング（個別課題の検討） ビデオ視聴・全体ミーティング・修了式	○
治療後		子どもと親のアセスメント	

切な子どもへの対応の仕方やその記録について検討します。第8セッションから第10のセッションでは、親とスタッフの全員で、プログラム前・後で録画した子どもの目標行動のビデオを見ながら、それぞれの親に子どもの目標行動のよくなったところ、親の対応の変化したところ、家族で工夫した点などを発表してもらいます。そこではスタッフは親のおこなった小さな工夫やよい対応方法などをできるだけ取り上げ、賞賛するように心がけます。

　HPSTプログラムの効果について述べます。これまで160組の母親と子どもが参加しました。子どもの目標行動（子どもに身につけてほしい行動の増加、子どもにやめてほしい行動の減少）の改善がありました。母親の養育技術の知識が増加しました。さらに、母親の養育上のストレスと抑うつが減少しました。これらの効果はプロ

グラム終了後1年間維持することが明らかとなっています。

5．肥前方式親訓練プログラムによる AD/HD 児への効果

　上に述べた HPST プログラムに参加した160人の発達障害をもつ子どもの中で、知能障害がなく（知能指数、あるいは発達指数が70以上）、しかも DSM- IV の AD/HD の診断基準に合致した子どもを選び、AD/HD 群としました。AD/HD 群の子どもは6人でした。この AD/HD 群のプロフィールを表0-2に示します（平均年齢5歳11カ月、平均 IQ 82.5）。なお、比較対照群は、同じ年齢と知能水準を有する13人の AD/HD 以外の発達障害の子どもです（平均年齢4歳11カ月、平均 IQ 82.2）。つまり、比較対照群は年齢と知能を一致させた AD/HD 以外の発達障害の子どもで、ここでは発達障害群と呼びます。表0-3に発達障害群のプロフィールを示します。なお、2群間には生育状況や親の職業や家庭生活の状況などの背景因子に有意差は認められませんでした。

表0-2　AD/HD 群プロフィール

No.	対象者	性別	生活年齢	田中ビネー IQ	母親年齢
1	症例1	男	4:2	70	31
2	症例2	男	4:2	88*	38
3	症例3	男	7:6	79	35
4	症例4	男	4:6	87	32
5	症例5	男	6:2	89*	33
6	症例6	男	9:6	82	42
平均			5:11	82.5	35.2

＊は、津守稲毛式発達検査による発達指数

　HPST プログラムの効果は、4つの方法で調べました。まず第1に、プログラム参加時の目標行動の程度を0点とし、目標が完全にできるようになった程度を100点として、子どもの目標行動の変化を母親に点数をつけてもらう100点評価法です。第2に、親の養育上のストレスは QRS を用いて測定しました。第3に、親のうつ状態は BDI を用いて測定しました。第4に、養育技術の知識と養育

表 0-3 発達障害群プロフィール

No.	対象者	性別	生活年齢	田中ビネーIQ	母親年齢
1	症例1	男	3:2	76	32
2	症例2	男	5:0	75	42
3	症例3	男	4:2	104	34
4	症例4	男	8:1	75	42
5	症例5	男	3:2	74	30
6	症例6	男	3:0	94	31
7	症例7	男	5:2	80	28
8	症例8	男	6:0	78	26
9	症例9	男	5:9	84	33
10	症例10	男	4:4	82	36
11	症例11	男	5:11	83	41
12	症例12	男	4:1	78	34
13	症例13	男	6:1	87	30
平　均			4:11	82.3	33.8

技術の向上はKBPACを用いて測定しました。測定はプログラム参加時、プログラム終了時におこないます。さらに、両群で目標行動の内容と実際に使った技法についても両群間で比較検討をしてみました。

　AD/HD群についての効果について以下に述べます。子どもの目標行動の100点評価法の変化は、平均点で参加時の0点から、セッション6で62.3点、治療終了時で87.3点と増加し（図0-1）、プログラムの効果があることが明らかになりました。

　親に対する効果として、親の養育上のストレスを測定したQRS得点が、参加時の15.0から、治療終了時で12.2と減少していました（図0-2）。なお、発達障害群の親は、QRS得点が参加開始時17.3、治療終了時13.3でした。親のうつ状態を測定したBDI得点は、参加時の7.7から、治療終了後で3.7点と減少していました（図0-3）。なお、発達障害群の親は、BDIの得点が参加時の10.3から、治療終了時で6.6でした。AD/HD群の親の養育上のストレスとうつ状態が両方とも減少していました。また、親の養育技術の知識と養育技術の向上を測定したKBPAC得点は、参加時の13点から治療終了時の29点にまで増加していました（図0-4）。なお、発達障害群では、

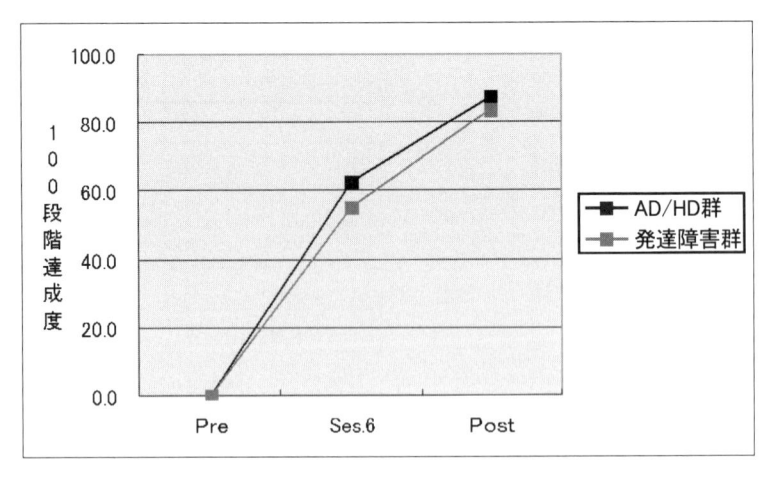

図0-1 目標行動の100点評価法の変化

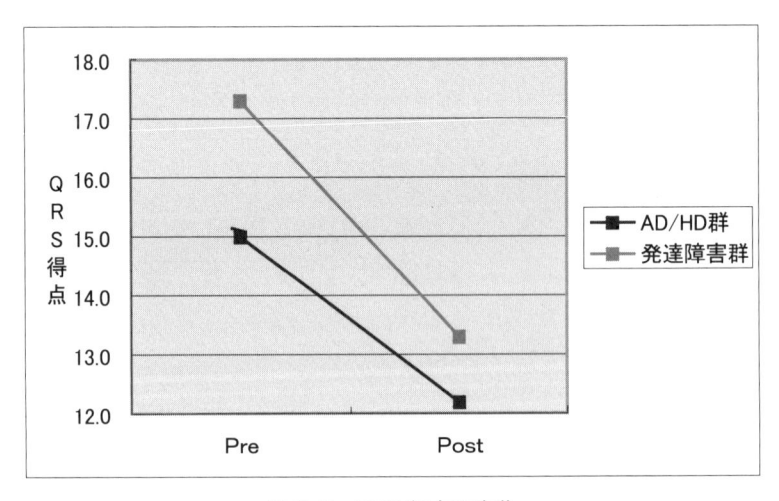

図0-2 QRS得点の変化

　KBPAC得点は参加時の13.1点から、治療終了時の32.3点に増加していました。AD/HD群の親の養育技術の習得度も高くなっていることがわかりました。

　親が決定した目標行動については、AD/HD群で獲得させたい行動が5行動、減らしたい行動が9行動でした。なお、発達障害群では獲得させたい行動が21行動、減らしたい行動が13行動でした。AD/HD群では問題行動の減少や消失を報告する割合が発達障害群の親よりも多くありました。しかも、AD/HD群の親では減らしたい行動として「食事中の離席」を取り上げていた親が6名中5名あり、AD/HDに特有の多動性、注意持続困難、そして乱暴などの目

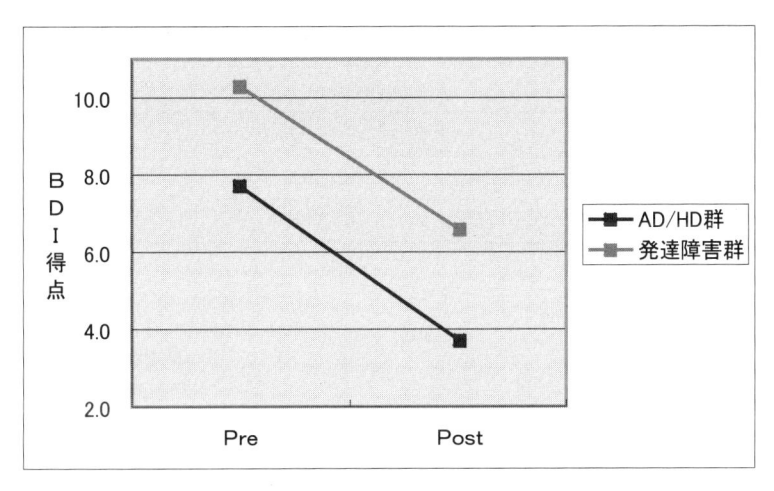

図0-3　BDI得点の変化

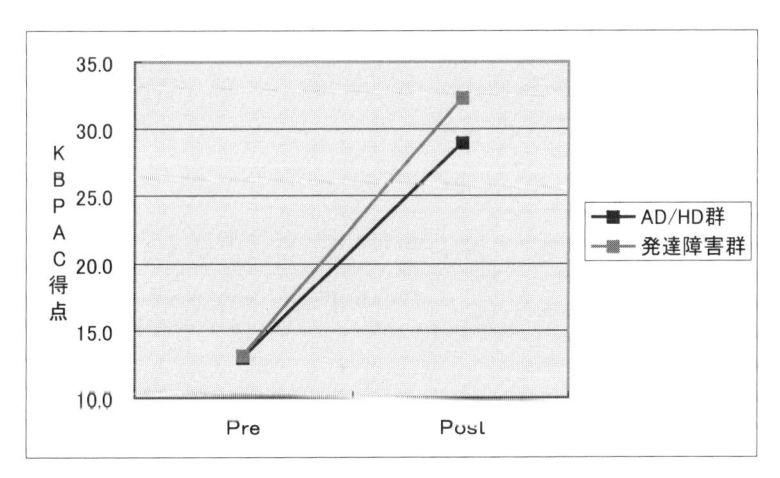

図0-4　KBPAC得点の変化

標行動を選択する傾向にありました。なお、減らしたい目標行動として「食事中の離席」を選択した発達障害群の親は13名中5名でした（表0-4）。

　親が子どもの行動をよくするために用いた行動療法の技法の種類をAD/HD群と発達障害群とで比較検討した結果を図0-5に示しました。図0-5から明らかなように、発達障害群では28％が行動形成法のようなできないときの手助けの技法を使用しています。ところが、AD/HD群では1名もそのような技法を使用していませんでした。このことから、AD/HD群ではすでに生活に必要な行動は身につけていることがわかります。AD/HD群では13％使われている行

表 0-4 選択された目標行動

	獲得行動と問題行動	
	獲得させたい行動	減らしたい行動
AD/HD群	5 (35.7%)	9 (64.3%)
発達障害群	21 (61.8%)	13 (38.2%)

「食事中の離席」の選択	
AD/HD群	5名 (83.3%)
発達障害群	5名 (38.4%)

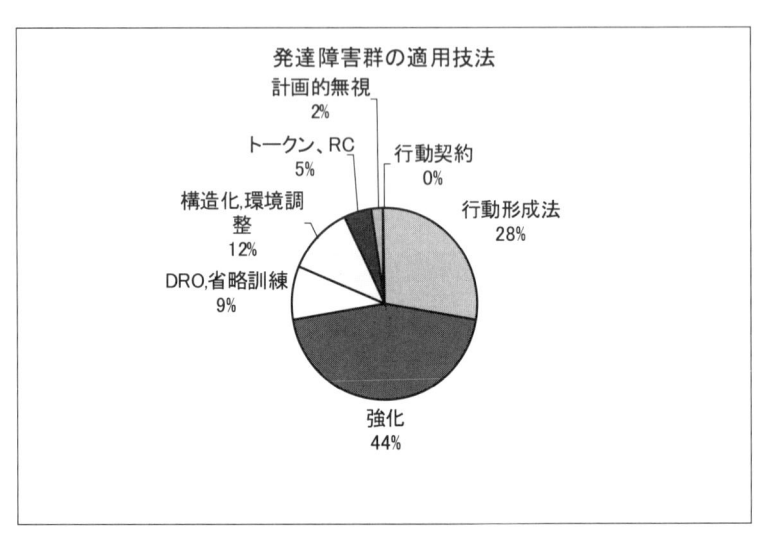

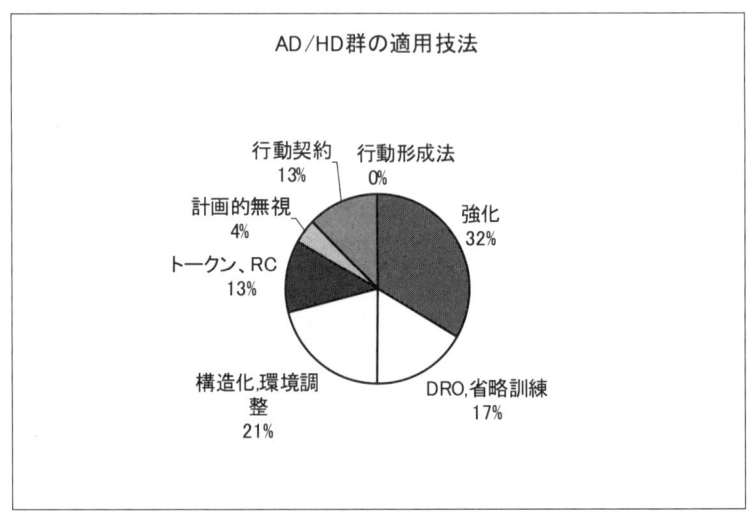

発達障害群の適用技法
- 計画的無視 2%
- トークン、RC 5%
- 行動契約 0%
- 構造化,環境調整 12%
- 行動形成法 28%
- DRO,省略訓練 9%
- 強化 44%

AD/HD群の適用技法
- 行動契約 13%
- 行動形成法 0%
- 計画的無視 4%
- トークン、RC 13%
- 強化 32%
- 構造化,環境調整 21%
- DRO,省略訓練 17%

図 0-5 各群の適用行動技法

動契約は発達障害群では使われていません。AD/HD群で使われた強化、トークン、環境調整、構造化、計画的無視などは発達障害群でも使われています。

まとめてみますと、HPSTプログラムはAD/HD群に対しても効果があることがわかりました。しかし、AD/HD群の子どもの数も少ないこともあり、プログラム参加後の変化は、対照群の発達障害群と統計学的に有意の差は得られませんでした。また、発達障害群と比較して、AD/HDに特有のプログラム効果があるとは言えませんでした。しかし、プログラムの効果は、親と子どもに発達障害群の親子と同じような効果があることが明らかになりました。選択される目標行動は、発達障害群が身辺自立行動の獲得に関することが多いのに対して、AD/HD群は多動や注意の持続やかんしゃくなどの問題行動が多くありました。

また、親が用いる技法も、AD/HD群と発達障害群では差があることがわかりました。AD/HDの子どものための親訓練プログラムを効果的なものにするためには、プログラムの内容や構造をAD/HDの特徴に合わせて開発することが必要であることがわかりました。

6．AD/HD児のためのHPSTプログラムの構成と効果

1　プログラムの構成と内容

プログラムは、週1回1セッション、1セッションは2時間で10セッションからなり、10セッションで終了します。1つのセッションは、集団でおこなう1時間の講義と小グループでおこなう話し合い1時間からなっています。セッション1は講義による集団形式、セッション2〜8は前半を講義が中心の集団形式、後半を3名ぐらいの小グループの個別形式でおこない、セッションの9〜10は前半と後半を逆にします。(表0-5参照)。

講義では、セッションのテーマにそって養育技術の基礎理論と実際を説明します。講義は、実物、カード、スライド、治療例のビデオを使って視覚化し、多くの具体例をあげて、理解しやすいように工夫します。また、質疑応答しやすいようにできるだけ問いかけの形式で講義を進めます。

小グループによる個別の指導では、3グループに分かれ、家庭での実践をもとにして個別に親の訓練をおこないます。毎回、家庭で

表 0-5　AD/HD 児のための HPST プログラム（スケジュール表）

セッション	出欠	内容	VTR 撮影
治療前			
1		オリエンテーション／自己紹介 講義：概論（この学習室の基本的な考え方）	
2		講義：実例の紹介 グループミーティング（個別課題の検討）	
3		講義：観察と記録の仕方 グループミーティング（個別課題の検討）	○
4		講義：望ましい行動を増やすには グループミーティング（個別課題の検討）	○
5		講義：ポイントシステム グループミーティング（個別課題の検討）	○
6		講義：環境の整え方 グループミーティング（個別課題の検討）	
7		講義：困った行動を減らすには グループミーティング（個別課題の検討）	
8		講義：外出先の工夫 グループミーティング（個別課題の検討）	○
9		グループミーティング（個別課題の検討） ビデオ視聴・全体ミーティング	○
10		グループミーティング（個別課題の検討） ビデオ視聴・全体ミーティング	○
治療後			

　の子どもの行動や親の対応を記録するシート（資料2・ホームワークシート参照、pp.168-171）を渡します。その記録に基づいて、親が子どもにおこなっている対応方法について、検討したり、修正したり、賞賛したりします。修正したほうがよいときは、方法を教えて、モデルを提示し、対応方法の具体的な提案をおこないます。

　プログラムの内容は、次のようになっています。

セッション1：AD/HD 児の学習室の基本的な考え方——AD/HD 及び行動療法の概論

　参加者とスタッフ全員が自己紹介をし、プログラムのオリエンテーションをおこないます。つぎに、AD/HD と行動療法の概論の講義をおこないます。はじめに、子どもの「落ち着きのなさ」を病気

と考えるための条件を説明します。その後、AD/HDの中核症状である不注意、多動性、衝動性について診断基準を述べ、自閉症や知的障害といったほかの障害、あるいは心理的原因による落ち着きのなさとの違いを説明します。AD/HDは脳の神経学的な障害であることを説明します。AD/HD児が自分の行動をコントロールできないのは、親の育て方やしつけ不足の問題ではないことを話します。また、子ども自身が受ける非難、わがままである、怠け者であるなどが間違いであることも話します。また、AD/HDであったとされる過去の偉人や成功者の例をあげて、AD/HDという障害を違った視点からみることができるようにします。普通の子どもとは変わったところを、将来はひょっとしたら過去の偉人のようになるかもしれないと、子どもの独自性をユーモアを持って取り上げます。さらに、AD/HDで目標行動としてよく取り上げられる具体的な行動の例（朝の登校準備での親子げんか、きょうだいげんか、宿題戦争など）を述べます。最後に、この学習室のキーワードを紹介します。

　キーワードは、AD/HD、行動観察、行動分析と課題分析、強化、消去、ポイントシステム、レスポンスコスト、構造化、タイムアウトです。耳慣れない初めて聞く言葉が多いけれども、この学習室が終わった頃には、「観察上手」「褒め上手」「教え上手」「工夫上手」「待ち上手」な親にきっとなれることを伝えます。

　宿題として、親が子どもに獲得させたいと思っている行動、消失させたいと思っている行動を、それぞれ5行動ずつ書いてくるように伝え、記録用紙（ホームワークシート①）を渡します。

セッション2：治療例の紹介

　セッションの前半では、実際にこの学習室に参加したAD/HD児の親子の治療例のビデオを紹介し、行動分析の仕方、治療方法、治療経過を説明します。このセッションでは、学習室参加前の親子のビデオと学習室に参加した後の親子の同じ行動に対するビデオを組にして提示し、親と子どもがどう変化しているかを全員で視聴します。ビデオ提示する親子の目標行動は、AD/HDの典型的な問題、たとえば「制服のくつした（ハイソックス）が、朝はける」「朝決まった時間に起きる」「宿題を終える」「スーパーでレジを通した後にお菓子を食べる」などです。ビデオ視聴により、工夫次第では親

子が劇的によくなることが実感できることを目的にしています。ビデオに対する質疑応答をおこないます。

セッションの後半では、小グループに分かれ前回の宿題のホームワークシートについて一人ひとり担当スタッフと親で検討をします。また小グループの全員の親にそのホームワークシートのコピーを配布します。そして、スタッフと個別の親との検討にグループの親全員に参加してもらい、自分の子どもに活用できるものは、他の親の記録をお互いに参考にするように勧めています。最後にこの学習室の期間中に達成できると思われる行動を1つは含めて、この学習室で治療の対象とする子どもの行動を決めます。治療をおこなう行動を決める際には、親の希望をよく聞くとともに、その行動が変化すれば他の行動にもよい影響を及ぼすと考えられる行動、あるいは親が自分ひとりで新しい目標行動に対応する場合にも応用できるモデルとなるような行動、を考慮に入れて親とスタッフで話し合って決めます。

たとえば、親の書いてきた目標が「順番が待てるようになってほしい」「食事中、行儀よくしてほしい」など漠然としている場合、話し合いを通じて「すごろくゲームでさいころを順にふって駒を進める」「ごちそうさまをしてから席を立つ」と言い換えできるようにします。この目標行動の検討を通して、行動を具体的で客観的なとらえ方ができるように、行動を明確化することを学習できるようにします。

このセッションの宿題は、強化子探しであり、食べ物、飲み物、遊びやおもちゃ、人との関わりや活動について、子どもが好きな物やことを書く記録用紙（ホームワークシート②）を渡します。

セッション3：行動観察と記録、記録の仕方

このセッションの前半では、子どもの行動観察と記録の仕方、行動の分析の方法、行動の記述の仕方について講義をします。

ここでは、子どもの行動を小さな段階に分けてみること、子どもの行動の前後をよく観察することを講義します。A−B−C分析（どんなとき、行動する前の状況−どんな行動−その後に、どのような結果がきたのか）が役立つことを紹介します。また、行動を具体的に記述するには、IBSOテスト（前述『お母さんの学習室』62

ページ、参照）が役立つことを紹介します。行動の記録方法は、このセッションの後に家庭で実際におこなってもらうため、ある行動が一定時間内に何回生じるか（頻数）、その行動はどれくらいの時間続くか（持続時間）などを記録することを説明します。さらに、行動を細かい段階に分けると、どこまでできて、どこからできていないか（行動をいくつかのステップに分ける方法、スモールステップでの到達度）を確認することができることを具体例を示しながら説明します。記録法についてはさまざまな実例をあげ、親が自分の子どもの記録法を考えやすくなるようにします。

　セッション後半の小グループでは、ホームワークシート②の内容を話し合い、一人ひとりの子どもについて効果的な強化子を選びます。ここでは、親が子どもにとってよいと考えるご褒美ではなく、子どもにとってもっとも魅力的なものを子どもをよく観察して知り、できるだけ多くの強化子を見つけることが大切です。

　宿題として2種類の記録用紙を渡します。1つは、セッション2で治療の目標とした行動について、「どんなときに、何を手掛かりにして」、「その行動」が起こるのか、「結果として」行動の後に何が起こっているかを、つまりA－B－C分析の方法で家で記述してくる行動分析シートです。もう1つは、その行動がどれだけの頻度で起こるのか（何回起こるのか）、どれくらいの時間続くのか、どのくらいまでできているのか、子どもの行動に対して親はどのように対応しているのか、を家で記録してくる行動記録シートです。

セッション4：望ましい行動を増やすには——強化と強化子
　セッションの前半の講義では、子どもの望ましい行動も困った行動も、学習によって強められ続けていることを知ってもらいます。AD/HDの子どもの困った行動を親は意図しないで強めてしまう結果になってしまっている事実を、日常生活でよくある困った行動を例にして説明します。望ましい行動を増やすには、望ましい行動の直後に強化子（ご褒美や賞賛）を与えることが大切であり、望ましい行動と強化子を組にして与えることを強化する、と説明します。強化子の種類の説明もします。さらに、AD/HDの子どもの特性に合わせて強化子を用いる際の留意点——強化子の力を最大限利用するための秘訣——についても言及します。たとえば、強化子を与え

るときは子どもが何を褒められているのかを子どもにきちんと理解させておくために、「○○ができたから○○（強化子）」と理由も言って強化子を渡す、強化子を渡すときには親の褒め言葉と笑顔をセットにすることを忘れないようにする、などです。日常生活の中で、大人の行動も子どもの行動と同じように強化によって行動を増やしている実例をいくつか紹介します。たとえば、あるお店で買い物をするとポイントやスタンプをもらえ、それを決められた数まで集めると賞品と交換できたり、そのお店でお金として使えたりできます。あるいは、小荷物の配送を頼むとシールがもらえ、そのシールが10枚たまると小荷物1個は全国どこでも無料で配達してくれる特典がある所もあります。これは、ある特定の店に買い物に行く回数や買い物の金額を増やしたり、ある特定の所で小荷物の配送を頼む回数を増やすために、強化という方法を使っているのです。この紹介により、強化に対する親の心理的抵抗を軽くします。このセッション以降には、子どものよいところ、できているところは忘れずに褒めるという親の対応を毎回繰り返し強調します。

　セッション後半の小グループでは、前回の宿題の行動分析シートをもとにして、子どもの行動の前の手がかりは何なのか、子どもの行動の後の結果として何が強化子として作用して行動が維持されているかを、具体的に話し合います。つぎに、行動記録シートについて、記録の方法がわかりやすいか、細かくステップが分けられているか、を話し合います。さらに、親の子どもへの対応法を話し合い、よくできているときは親の工夫を褒め、修正した方がよいときはスタッフが具体的な方法を提案して、家庭でやってきてもらうように依頼します。

　宿題として行動記録シートを渡します。

　小グループの進め方とホームワークシートは、このセッション4からセッション8まで同じです。

セッション5：ポイントシステム

　セッションの前半では、ポイントシステム、トークンシステムの講義をします。トークン（代用貨幣）とは、シール、スタンプ、おもちゃのコイン、カードなどです。トークン自体には価値はありませんが、価値があるいろいろなものと交換することができます。ト

ークンシステムとは、増やしたい行動があったときにトークンを渡し、トークンの一定量に応じて欲しいものと交換できる行動契約（約束）のことです。

ここでは、子どもと結ぶ行動契約（約束）と獲得したトークンと交換できるトークン表について実例を見せながら講義をします。スーパーマーケットのスタンプ帳や割引券、クーポン特典の実例をあげながら、強化子には物品だけではなく、子どもが好きな活動や権利なども使えることを伝えます。強化子に飽きやすかったり目移りしやすいAD/HD児の特性に合わせて、親が柔軟に行動契約（約束）を変更する心構えもトークンシステムを成功させるためには必要であることを伝えます。トークン表は、好きなキャラクターを利用するなど、視覚的にわかりやすく魅力的な工夫を取り入れ、可能ならば親と子どもと一緒に作成してもらいます。

小学校高学年以降では、トークンからポイントシステム（得点制）へと移行できることも説明します。

また、トークンシステムが十分使えるようになった後には、レスポンスコストという方法で、望ましくない行動を減らすことができることも説明します。これは不適切な行動があったら、強化子を取り上げる方法です。大人の世界でのレスポンスコストの実例として、交通違反をすると運転免許の点数が減点され、罰金、運転免許停止、免許取消などの罰があることを紹介します。

セッションの後半の小グループは前回と同じです。

セッション6：環境の整え方——環境調整と構造化

セッションの前半では、子どもに指示を理解したり、パニックにならないようにするために、子どもの周りの環境を少しだけ変えてやるだけでうまくいくことがあることを知らせます。子どもにとって注意がそれにくい環境の工夫（環境整備）や、色別分類フォルダーやチェック表などを使う整理整頓の仕方が有効なことを説明します。するべきことを覚えていないことに対しては、するべきことの手順表やリストの活用を勧めます。また、するべき時間を忘れてしまうことに対しては、タイマーの使用やスケジュール表の作成、締め切りなどの枠組みを作り、時間の構造化をおこないます。自分が何時に、何をすればよいかをスケジュール表などを見て子どもがす

ぐにわかるようにします。親と子どもで決めたことを文書化しておくと、後で言った／言わないのトラブルを避ける上でも効果的です。

また、子どもと前もっての取り決め事を思い出しやすくするためのリマインダー*についても説明します。

親の指示の出し方も環境を整えることに該当します。親の指示になかなか従わないAD/HDの子どもに対する効果的な指示の出し方について具体的に説明します。

セッションの後半の小グループは前回と同じです。

セッション7：困った行動を減らすには──消去、計画的無視、タイムアウト

セッションの前半では、AD/HDをもつ子どもの反抗的行動、言うことを聞かない、などの困った行動を起こしたときの効果的な方法について講義します。まず最初に、問題行動そのものを減らすという考えではなく、問題行動と両立しない関連する他の適切な行動に注意をむけて、その適切な行動を強化することで問題行動に対処してみることを強調します。困った行動を減らす方法として、消去、計画的無視、タイムアウトについて講義をします。たとえば、問題行動の後の叱責などが強化子として作用して問題行動が増えていると考えられるときには、問題行動の後の叱責などを止める方法、言い換えると、消去、計画的無視をおこなうことで、問題行動を減らすことができると説明します。タイムアウトは、計画的無視の中に入るもので、問題行動を強化していること（もの、状況）から、子どもを一定時間強化子のない静かな離れた場所に移動させる方法です。このタイムアウトを使うときには、子どもへの身体的罰や放置とならないように、タイムアウトに使う場所、タイムアウトの手順、タイムアウトの時間について、具体的に詳しく説明します。

セッションの後半の小グループは前回と同じです。

セッション8：外出先での工夫・対処法

セッションの前半では、いろいろな外出先、お店、レストラン、

---

*リマインダーとは、することを忘れたり、一部を忘れたりして完全にできにくい場合などに、することを思い出させるもの。メモ、タイマーや目覚まし時計、一覧表や付箋、あるいは人の声かけなどの一種の備忘用具。

自動車の中、親戚や知人の家、銀行、地域行事や冠婚葬祭などでの体験談を親に披露してもらいます。そこで、子どもの行動を予期していたか、冷静でいられたか、周囲の目はどうであったか、子どもにどうしてほしかったか、対応の方法を考えていたかについて親の意見を話してもらいます。

その後、外出先や訪問先などでも問題行動に対処できるように、親が前もって外出の計画を立てたり、子どもに言葉にして外出先でのリハーサルをさせて、親子で前もって作戦を練ること、外出先などで成功したときの強化子をあらかじめ準備するなどについても説明をします。さらに、外出先でのタイムアウトをおこなうときの注意点や工夫、とくにタイムアウトの場所が外出先で見つからないときのアイデア（建物内外の安全な刺激の少ない場所、自動車の中など）を教えます。外出先そのものが強化子になれば、外出は大成功です。

セッションの後半は前回と同じです。

セッション9・10：親子の対応の実際

セッション9・10の前半では、小グループに分かれて宿題のホームワークシートについて話し合います。

セッション9・10の後半では、集団形式で、それぞれの親子の学習室での録画ビデオを全員で視聴します。親子の変化がよくわかるように、学習室の前・後（セッション3〜5に1回の前期録画、セッション8〜10に1回の後期録画）の目標行動の録画ビデオを対にして全員で見ます。ビデオは、親子にプレイルーム・模擬家屋に入室してもらい、親に「家庭で実際にしているように、子どもさんと一緒に目標行動について、やってみてください」と伝えて、収録します。模擬家屋でも再現しにくいような目標行動ではVTR機材とテープを貸し出し、実際の家庭場面で記録してきてもらいます。

収録したビデオは、前半と後半を比較して、それを母親とスタッフ全員で視聴して、子どもの変化や親の対応の仕方、そしてその変化について意見交換をおこないます。

なお、プログラムを通して、どのセッションでもスタッフは親が工夫した点や子どもの変化には常に注目して、よいところをフィードバックします。小グループでの話し合いでは他の親からの意見や

提案を積極的に取り入れます。

修了式

　セッション10の最後に、修了式をおこないます。母親とスタッフ全員が感想と反省、そして今後の見通しを話し合った後に、修了式をおこない修了証書と皆勤賞や努力賞を渡します。また、福祉資源や就学にあたっての地域情報をスタッフが提供したり、親同士が今後も希望すれば情報交換できるようにします。

2　プログラムの運用

　児童相談所や病院などの関係機関に募集案内を送ったり、新聞の催し物案内に記事を載せてもらったりして参加者を募集します。

　参加条件は、3歳から12歳（小学生）までの、知能障害のないAD/HDの子どもをもつ親です。親が子どもと同居していることも条件となります。応募者が定員を超えたときには、待機リストに載せ、次回まで待っていただくことにします。募集定員は9人です。

　治療契約として、全セッションに参加すること、ホームワークは必ず実施すること、を依頼します。

　このプログラムでは、私たちが作成したテキストを使用します。テキストは、1セッションを見開き2ページに、講義内容を簡潔にまとめ、親が自由に記入できる空白があけてあります（資料1参照、pp.149-167）。

　セッションに参加するたびに、親にシールを渡します。シールはテキストの該当欄に貼ってもらいます。修了式で、出席のシールの数によって皆勤賞や努力賞を渡します。また、全員に修了証書を渡します。

　やむを得ずセッションを欠席した親には、その講義のビデオを貸し出します。

　なお、セッション中は託児室を設けて、子どもやきょうだい児を同伴するときは預かるようにしています。

　また、毎回のセッションの前半と後半の間には、コーヒーブレイクをおき、この時はスタッフは席を外し、親同士が自由に話し合えるようにしています。親同士が率直に自分の悩みや情報を交換する

ことは非常に大切なことです。

3　プログラムの効果の測定方法

子どもの評定方法

(1) 子どもの目標行動の変化

　子どもの目標行動の達成度は、目標行動評価シート（資料3、p.172）を使って、訓練参加時を0とし、セッション6、訓練終了時の3回、母親に評価してもらいます。100点法を用いて、プログラムに参加した時の子どもの行動の達成度を0点、目標に達した時を100点とします。なお、参加時より行動が後退していたり悪化していたりしているときには、マイナス点で評価します。

(2) 子どもの行動チェックリスト（親用）の変化

　子どもの全般的な行動について、子どもの行動チェックリスト（親用）（Children's Behavior Checklist、以下CBCLと略）を親に評価してもらいます。CBCLは、年齢、性別に応じて、2～3歳用と4～18歳用の4種類があります。

　2～3歳用（男女別）CBCLは、100項目あり、各質問に対し3つの選択肢が設けられ、0点から2点のいずれかを選択してもらいます。現在、あるいは最近の2カ月間の子どもの状態について最もあてはまるものを選んでもらいます。

　4～18歳用（男女別）CBCLは、113項目あり、各質問に対する3つの選択肢は2～3歳用と同じです。現在、あるいは最近の6カ月以内の子どもの状態について採点してもらいます。

　記入後、プロフィール表に数値を入れて、折れ線グラフを作り、子どもの行動や状態を把握します。CBCLの採点結果は、内向得点や外向得点や総得点、また8つの下位尺度（ひきこもり、身体的訴え、不安/抑うつ、社会性の問題、思考の問題、注意の問題、非行的問題、攻撃的行動）から構成されています。CBCLは子どもの情緒と行動の問題全般を広範囲に把握するには優れていると考えられています。CBCLの内向尺度、外向尺度、総得点の正常域と異常域のカットオフポイントはT得点で60点です。下位尺度の正常域と異常域のカットオフポイントはT得点で67点です。

私たちは、Achenbach T.M. (1991) の児童思春期精神保健研究会訳の日本語のものを使いました。

（3）家庭での様子に関する質問紙の変化

　家庭での様子に関する質問紙（Home Situations Questionnaire、以下 HSQ と略）は、16項目の状況や場面で、親の指示、言いつけ、規則に子どもが従わないで困る時に、その程度を 1 ～ 9 の数値で記入する質問紙です。質問に当てはまる場面があれば、「はい」を○で囲み、どれくらいの程度（軽い～重い）なのか、数字に○をつけます。

　HSQ は、Barkley R.A. の著書（All about ADHD. Guilford Press, 2000）から引用し、日本語訳は私たちスタッフでおこないました。

（4）子どもの行動調査票の変化

　子どもの行動調査票（Disruptive Behavior Rating Scale-Parent Form、以下 DBRS と略）は、子どもの問題行動を調査する26項目の質問紙です。各質問に対して 4 段階（0 ～ 3 ）が示されており、当てはまる数値に○をつけていきます。問題行動が激しいほど高得点になります。

　DBRS は、Barkley R.A. と Kelstin R.M. の著書（ADHD: A Clinical Workbook. 2nd ed., p.60, Guilford Press, 1998）から引用し、日本語訳は私たちでおこないました。

親の評定方法

（1）母親の養育技術の知識の変化

　子どもに応用する行動原理の知識（Knowledge of Behavioral Principles as Applied to Children; O'Dell, Tarler-Benlolo, & Flynn, 1979；日本語版、梅津、1982、以下 KBPAC と略）を用います。KBPAC は、親の養育態度を評価する50項目の質問紙です。各質問に対して 4 つの選択肢があり、その中から最も適切なものを 1 つ選ぶ形式になっています。選択肢には行動変容の原理に基づいた正解が 1 つ含まれており、回答が正解の場合に得点 1 点が加算されます。高得点ほど、行動理論に基づく養育技術、知識が優れていることになります。最高50点で評価されます。

（2）母親の養育上のストレスの変化

　母親の養育上のストレスを評価するために、養育の資源とストレスについての質問紙（Questionnaire on Resources and Stress; Frieedrich, Greenberg, & Crnic, 1983、以下 QRS と略）を用います。この質問紙法は52項目の質問に「はい」「いいえ」で答える二者択一方式であり、ストレスが高い方に回答した場合に１点が加算されます。ストレスが高いほど高得点となります。全52項目は因子Ⅰ：親と家族の問題（20項目）、因子Ⅱ：悲観（11項目）、因子Ⅲ：子どもの特徴（15項目）、因子Ⅳ：身体的能力の低さ（6項目）の4因子別に測定できるようになっています。QRS は、私たちスタッフで訳しました。

（3）母親のうつ状態の変化

　母親の抑うつ状態を測定するために、ベックうつ病尺度（Beck Depression Inventory, 1967、以下 BDI と略）を用います。この質問紙は抑うつ症状を問う21項目の質問からなり、各質問ごとに自分の状態に最もよく当てはまるものを選びます。現在の状態を4段階（0〜3点）で選択するものです。抑うつ性が高いほど高得点となり、最高点は62点となります。BDI の日本語訳は大月三郎訳（元岡山大学医学部精神科）を使用しました。

参考文献

Achenbach T.M. (1991). Manual for the Children's Behavior Checklist/4-18 And 1991 Profile. Burlington VT. University of Vermont, Department of Psychiatry.（児童思春期精神保健研究会〔訳〕『子どもの行動チェックリスト（親用）(Children's Behavior Checklist、CBCL)』

ADHD の診断・治療研究会・上林靖子・齊藤万比古・北　道子（編集）『注意欠陥／多動性障害― AD/HD の診断・治療ガイドライン』じほう、2003.

Anastopoulos, A.D., DuPaul, G.J., & Barkley, R.A. (1991). Stimulant medication and parent training therapies for attention deficit-hyperactive Disorder. Journal of Learning Disability, 24, pp.210-218.

Barkley, R.A. (1995). Taking Charge of ADHD: The Complete Authoriative for Parents. The Guilford Press, New York.（海輪由香子・山田寛〔監訳〕『バークレー先生の ADHD のすべて』ヴォイス、東京、2000 ）

Barkley, R.A. (2002). Psycholpgical Treatments for attention-deficit/hyperactivity disorder inchileden. Journal of Clinical Psycyiatry, 63, Suppl. 12:

36-43.

ベラック, A.S., &ハーセン, M（編）山上敏子（監訳）『行動療法事典』岩崎学術出版、1987.

Conners, C.K., Epstein, J.N. & March, J.S. (2001). Multimodal Treatment of AD/HD in the MTA：An Alternative outcome analysis. Journal of the American academy of Child and Adolescent Psychiatry、40, pp.159-167.

Fowler Mary. (1999). Maybe You Know My Kid. Carol Publishing Group. USA（沢木　昇〔訳〕『手のつけられない子　それはADHDのせいだった』扶桑社、1999.）

Huang H.L., Chao C.C., Tu C.C., Yang P.C. (2003). Behavioral parent training for Taiwanese parents of children with attention-deficit/hyperactivity disorder. Psycyiatry Clinical Neuroscience 57(3): 275-81.

Jensen, P.S., Hinshaw, S.P., Kraemer, H.C., et al. (2001). ADHD comorbidity findings from the MTA Study: Comparing Comorbid subgroups. Journal of the American academy of Child and Adolescent Psychiatry, 40, pp.147-158.

上林靖子・齊籐万比古・小枝達也・井上とも子・長尾圭造・山田佐登留・大隈紘子『ADHD（注意欠陥／多動性障害）―治療・援助法の確立を目指して―』星和書店、2004.

小枝達也「おちつきのない子ども」『教育と医学』48、4-9、慶応義塾大学出版会、2000.

楠本伸枝・岩坂英巳・西田　清・奈良ADHDの会「ポップコーン」（編著）『親と医師、教師が語る「ADHDの子育て・医療・教育」』クリエイツかもがわ、2002.

免田　賢・伊藤啓介・大隈紘子・中野俊明・陣内咲子・温泉美雪・福田恭介・山上敏子「精神遅滞児の親訓練プログラムの開発とその効果」行動療法研究、21、pp.25-37、1995.

山上敏子（監修）『お母さんの学習室――発達障害児を育てる人のための親訓練プログラム』二瓶社、大阪、1998.

Nadesu, K.G., and Dixon E.B. (1997). Learing to Slow Down and Pay Attention. A Book for Kids About ADD -Second Edition. Magination Press, USA（水野薫・内山登紀夫〔監訳〕『きみもきっとうまくいく子どものためのADHDワークブック』東京書籍、2001.）

大隈紘子・免田　賢・山田正三・岡村俊彦・伊藤啓介・温泉美雪・磯村香代子「注意欠陥／多動性障害（AD/HD）の親訓練プログラム――プログラムの開発と効果研究――」『注意欠陥／多動性障害の診断・治療ガイドライン作成とその実証的研究』厚生労働省平成11～13年度研究報告書、pp.117-120、平成14年.

Schaefer, C.E. & Briesmeister, J.M. (1989). Handbook of Parent Training. John Wiley & Sons, Inc.（山上敏子・大隈紘子〔監訳〕『共同治療者としての親訓練ハンドブック』〔上・下〕二瓶社、大阪、1996.）

Swanson, J.M., Kraechmer, H.C., Hinsshaw, S.P., et al. (2001). Clinical relevalence of the MTA: Success rates based on sevearity of AD/HD and ODD symptoms at the end of treatment. Journal of the American academy of Child and Adolescent Psychiatry, 40, pp.168-179.

田中康雄「多動性障害と虐待―多動性障害と虐待の悪循環に対する危機介入」本間博明・岩田泰子（責任編集）『虐待と思春期』岩崎学術出版社、東京、pp.41-62. 2001.

中田洋二郎・上林靖子ら「注意欠陥／多動性障害の情緒と行動の評価に関

する研究」『注意欠陥／多動性障害の診断・治療ガイドライン作成とその実証的研究』厚生労働省平成11 ～ 13年度研究報告書、pp.37-40、平成14年.

Whitham Cynthia (1991). Win the Whining War & Other Skirmishes.（中田洋二郎〔監訳〕上林靖子他〔訳〕『読んで学べるADHDのペアレントトレーニング　むずかしい子にやさしい子育て』明石書店、2002.）

第1章 セッション1：AD/HD児の学習室の基本的な考え方
―― AD/HD及び行動療法の概論 ――

1．はじめに

　お母さんの自己紹介の時に「うちの子どもは元気いっぱいとは思っていたけれども、保育園に行くようになってみると保育士さんのいうことを全く聞かなかったり、無理にさせようとするとひどく暴れる」というお話がたびたびあります。

　ところで、子どもと大人とでは落ち着きや注意の持続に大きな違いがあることは皆さんもご承知のことだと思います。子どもは次のようによく言われます。「子どもは落ち着きのないのが普通だ」「子どもがじっとしているのは病気のときだけだ」「子どもは親が少し待つように頼んでも待てないものだ」などです。これらのことばは、子どもは病気でなくても、注意力や気分の安定や気分の変わりやすさが大人と違うということを言っているのです。

　ところで、お母さんの自己紹介の中で、「うちの子どもはあまりにも落ち着きがないのが心配です」とか「いつも動いていて、一時もじっとしていません」とかの発言がありました。あまりにも落ち着きがないことを、専門的なことばで多動といいます。あまりにも注意が足りないことを、専門的なことばで注意欠陥といいます。あまりにも待つことができず、その場の状況に関係なくあっという間に行動してしまうことを、専門的なことばで衝動性といいます。お母さんの中には「うちの子どもは少しも待てません、鉄砲玉のように飛び出します」という人もいます。交通事故に遭うことが心配になります。もしも、あなたの子どもさんが交通事故に遭ったときに、車を運転していた人が「私が青信号で走っていたときに、子どもさんが急に飛び出してきました」と言ったとしたら、お母さんたちはどう感じられるでしょう。「うちの子どもは赤信号の時に飛び出す

ことはない」と言えるでしょうか。「うちの子どもは赤信号の時、歩いて渡ろうとするばかりではなく、急に走り出してしまうことも考えられる」と思うでしょうか。

では、子どもの多動や注意欠陥や衝動性の「正常」と「異常」の区別はどこにあるのでしょうか。どこからどこまでが「正常の多動（あるいは注意欠陥、衝動性）」なのか、どこからが「異常の多動（あるいは注意欠陥、衝動性）」なのかについては、はっきりとした境界線はありません。しかし、「落ち着きのなさ」を障害と考えた方が良いという条件はいくつかあります。今のところ４つの条件があります。

第１の条件は、落ち着きのなさの程度が異常であることです。たとえば、保育園や幼稚園、あるいは小学校で、授業時間に教室を抜け出したり、飛び出したりして教室からいなくなる、などです。運動場や体育館などでの体育の授業などでは、どこまでが教室かはっきりしない場所ですが、そのような場合には教師の目の届く範囲を教室と考えて、教師の目の届かない所まで行く場合は異常であると考えています。親と外出した場合には親の目の届く所で遊んだりしている場合は正常で、急に親の目から見えなくなってしまう場合は異常と考えています。お母さんたちの中には、お母さんがちょっと目を離したすきに、たとえばスーパーのレジで支払いをしている間に子どもがいなくなって、さがしまわったり、警察に迷子の届けを出したことのある人もいます。

第２の条件は、落ち着きのなさによって不利益が生じていることです。たとえば家族や親族や学校や隣近所の知り合いからの評判がよくないといったことが落ち着きのなさのために起こっている場合です。小学校などの集団生活で「あの子は順番を守らない」とか「あの子は勝手なことばかりする」とか子どもたちから言われ、子どもたちの間で評判が悪くなります。あるいは教師がある生徒が待つことができない問題をもっていることに気づいて、いつもその生徒に早目に対応していると、他の子どもたちから「先生はあの子だけを特別扱い（ひいき）する」と不満が出る場合があります。

次に、「順番を待つ」ことを例にあげて考えてみたいと思います。家では、たとえばジュースをコップにつぎ分けて、待てる子どもには待ってもらって、というやり方でもきょうだい間で特別の問題は

生じないかもしれません。きょうだいの数も2人や3人のことが普通ですので、順番を待つのも2番目とか、せいぜい3番目までです。だから家庭では「順番を待てないこと」が特別に問題になることは少ないと思います。ところが、保育園や幼稚園や学校などに入ると1クラスの人数が、少なくても10人ぐらいで、多い時には30人や40人ぐらいになります。たとえば、生徒数が30人のクラスで、教師がプリントを配ったり、給食当番が給食を配ったりする場合を考えてみましょう。そこでは、子どもにプリントや給食が配られる順番が1番目になる日があるかもしれませんが、30番目になる日もあります。あなたの子どもが「順番を待てない」という理由で、あなたの子どもにプリントや給食をいつも1番目に配るわけにはいきません。他の子どもから「何であの子だけがいつも1番か」という不満が出ます。

　保育園や幼稚園では、まだ順番を守るなどの社会的なルールを余り厳しく求めないところが多く、AD/HD児も元気いっぱいの子どもだと思われて特別な問題になることは少ないようです。ところが小学校に入学したとたん、問題になってきます。小学校になってからは、クラスの人数も数十人が普通になります。また、教師のクラス内で集団行動を守ることに対しての要求水準も、学校としての基準に変わり、家庭や保育園などで要求されていたことよりも明らかに厳しくなります。

　小学校になると、全校集会、たとえば全校朝礼とか入学式、卒業式、運動会や遠足などがあります。1学年が100人程度の生徒数であれば、全校集会の時には約600人の生徒の集団になります。一番大きな問題は学校の全体集会の時に起こってきます。小学校の30人程度の教室では何とか皆と同じように過ごせるようになることが最初の目標です。次の目標は、クラスよりも少し大きい集団、たとえば学年単位での行事、1学年3クラスとしますと、100人程度の子ども集団の中で、教師の指示に注意をむけて行動できるようになることです。最後に、全校集会で皆と同じように行動できることが目標になります。しかし、現実場面ではAD/HDの子どもは集団からの飛び出しなどが繰り返しあり、学校内の有名人になってしまう場合があります。

　第3の条件は、落ち着きのなさが幼児期より持続していることで

す。お母さんの中には「小さい時、歩き始めた時から歩くのが速く、いつも走ってばかりいる子どもだった」とか「医者からあなたの子どもさんは、よちよち歩きの時期はなかったですかとたずねられた」とか話される方がいます。AD/HDの子どもは、よちよち歩きの幼児期から多動や落ち着きのなさが続いていることを覚えておいてください。

　ところで、ある時期から子どもの落ち着きがなくなることは、子どもの生活ではよくあることです。子どもの環境の変化、たとえば保育園や幼稚園や学校での変化、あるいは家族の変化に反応して落ち着きがなくなることがあります。たとえば祖母と同居するようになった、両親の仲が悪くなったなどの影響で、お母さんが子どもに邪険になったり、子ども自身が家の雰囲気がピリピリしているのを感じて落ち着きがなくなってきます。心理的に不安定な状況のために、それに反応した結果、落ち着きがなくなってしまったのです。心が落ち着かないために、体もじっとしていることができなくなることは、大人でもありますが、子どもの方が格段敏感に反応します。そこで、AD/HDと診断するためには、心理的な原因による落ち着きのなさでないことと区別する必要があります。子どもの落ち着きのなさがいつ頃から起こってきたのかなどを明らかにする目的で家庭内のことを少し教えていただく必要があります。

　第4番目の条件は、落ち着きのなさがいろいろな場面で生じることです。いろいろな場面というのは少なくとも2つ以上の場面と考えられています。病院などの診察室で、お母さんと子どもさんと医師の3人のときは落ち着いており、多動がわからないこともあります。また、家庭でも家族の人数が少ないとき、きょうだい数も少ないときは、多動がありません。しかし、「保育園では多動です」と保育士さんから言われることがあります。本には次のように書かれています。「お母さんは家では多動ではありませんというが、保育園や学校の先生が、園や学校では多動で問題になっていますと言われた場合には、保育園や学校の先生の意見の方が正しく、多動があると考えてよい」。

　私たちの経験でも、診察室では多動がない子どもが、保育園や学校から多動ですと言われているケースに、病院のセラピストに保育園や学校での様子を見てきてもらうと、「学校でのあの子は診察室

の落ち着いていた状態とは全く違って、人が違ったように多動でした」という報告がしばしばありました。学校のように人数が多いところでは落ち着きのなさがはっきりと見られることがよくあります。

時には、学校とお母さんたちとの間でトラブルが起こることもあります。お母さんは言います。「子どもは家では多動でないのに、学校の先生から多動と言われています」。担任教師は言います。「クラスに多動の生徒がいるけれど、親にわかってもらえずに困っています」。ところで最近ではビデオ録画が簡単にできるようになったので私たちは助かっています。学校での子どもの様子をビデオで録画してもらいます。ビデオ録画をする場合には、録画も一回に限らず何回か録画し、場面も一場面だけではなく、算数や国語の授業、給食の時、休み時間、体育や音楽の授業、学年集会、全校集会などの多数の異なった場面で録画をするように学校の先生にアドバイスしています。子どもの好きな授業と嫌いな授業の両方ともビデオに撮ることを心がけるようにもアドバイスしています。また、ビデオを撮る前には親に学校での様子をビデオに撮る許可を得ることもアドバイスしています。ビデオ録画ができた場合には、親と担任教師と一緒にビデオを見るようにすると、親も子どもの学校での様子がわかり、他の生徒との違いをよく理解できるようになります。

さて、障害と考えられている落ち着きのなさには3種類があります。

第1の障害は、今日ここにいる「AD/HDをもつ子どものお母さんの学習室」に参加している子どもさんの障害、つまりAD/HD（注意欠陥／多動性障害）です。最近では、新聞やテレビでもAD/HDということばが一般用語として使われるようになっています。AD/HDとは、注意欠陥／多動性障害の英語の略語です。

第2の障害は自閉症です。自閉症も多動を高率に合併しやすい病気です。

第3の障害は知的障害、いわゆる知恵遅れがあるときにも高率に多動を合併します。

この学習室はAD/HDの学習室なので、第1番目に述べた障害、AD/HDについてこれから詳しくお話をします。

2．AD/HD（注意欠陥／多動性障害）を正しく知っていますか？

　AD/HDの子どもや親がしばしば受ける誤解があります。子どもの受ける誤解としてたとえば、「やればできるのにわざとしない」「わがままである」「怠け者だ」などです。これらのことばは、親から子どもに言われるときもあるし、教師から子どもに言われるときもあります。

　次に、親のよく受ける非難は「親のしつけができていない」「親がよく言ってきかせればよいのに」「親の愛情不足ではないか」などです。親のしつけという場合、もちろん父親も入っているのですが、日常生活で非難の的になるのは母親が多いものです。母親は、近所の人から、祖父母などの親類から、時には夫からも、あるいは学校の担任などから「よくしつけてください、親のしつけがなってません」といわれる場合があります。こういうことが重なると、たいていのお母さんは、育児に自信をなくし、不安になったり、憂うつになったり、怒りっぽくなってしまいます。

　AD/HDという障害は脳の障害であり、脳の機能障害なのです。AD/HDという障害は、注意力を集中させたり、体の動きをコントロールしてじっとしたり、思いついてもすぐ行動に移さないようにする、脳の働きに障害があるのです。繰り返しますが、子どもさんの落ち着きのない困った行動は、親のしつけの誤りでも親の愛情不足によるものでもなく、AD/HDという脳の障害によるものなのです。

　お母さんのお手元に配布している表1-1（DSM-Ⅲ-RによるAD/HDの診断基準）を見てください。DSMというのは、アメリカで使われている「精神障害の分類と診断の手引き」で、次々と新しい手引きに改変されており、最新の手引きは1994年に発表されたDSM-Ⅳです。DSM-Ⅲ-Rは1987年に発表されたDSM-Ⅳの直前の手引きです。しかし、DSM-Ⅲ-Rは小児科の医師たちが乳幼児健診などに行って、「多動」が心配になっている子どもを診察する時に簡単で便利なので、乳幼児健診の場面では今でもよく使われているようです。これから表1-1（DSM-Ⅲ-R）を私が読み上げますので、お母さん方は自分のお子さんに当てはまるかどうかを調べてみてください。

表 1-1　DSM-Ⅲ-R による AD/HD の診断基準

以下の 14 項目のうち、少なくとも 8 項目以上が、6ヵ月以上も続くもので、7 歳未満に発病していること
①手、足をたびたびそわそわ動かしたり、椅子に座っていても、もじもじする。
②言われても座ったままでいることが難しい。
③外からの刺激に容易に気を散らしてしまう。
④ゲームや集団で行う遊びで順番を待つことが難しい。
⑤しばしば質問が終わらないうちに答えてしまう。
⑥他の人の指示に従ってやり通すことが難しい、たとえばちょっとした用事をやり遂げられない。
⑦勉強や遊びに、注意を集中し続けることが難しい。
⑧しばしば一つのことが未完成のまま、次に移る。
⑨静かに遊ぶことが難しい。
⑩しばしば喋りすぎる。
⑪しばしば他人のじゃまをする。たとえば他の子どもたちのゲームのじゃまをする。
⑫自分に話しかけられたことを、しばしばよく聞いていないようにみえる。
⑬学校や家庭での勉強や活動に必要なものをしばしばなくしてしまう。たとえばおもちゃ、鉛筆、本、宿題など。
⑭起こりうる結果を考えず、しばしば身体的に危険な活動に参加する。たとえばよく見ないで道路に飛び出す。

DSM-Ⅲ-R　精神疾患の分類と診断の手引き、1988（医学書院）より

　お母さん、あなたの子どもさんには、いくつ当てはまりましたか。
　そのほかに、DSM-Ⅳによる AD/HD の診断基準があります。これは現在のところ最新の診断基準で、おもに医療機関で用いているものですが、参考のために表1-2として配付してあります。

3．AD/HD の図書の紹介

　AD/HD という障害はどこが故障しているかをお母さんたちに話すときに、私は「車にたとえると、ブレーキのない車、あるいはブレーキの弱い車」と言っています。ブレーキのない（あるいは弱い）車でも走ることはできます。車を止めるときに平坦な道路であれば、ブレーキのない（あるいは弱い）車でも何とか止まることができるでしょう。しかし、急な下り坂で止まるとすると、ブレーキのない（あるいは弱い）車であると、とても難しいことになると思います。つまり、ブレーキのない（あるいは弱い）車でも、走るときにはほとんど問題がなく、止まろうとする時に問題が生じます。では、AD/HD の子どもはどこのブレーキが弱いかというと、脳の

表1-2　DSM-Ⅳ-TR による AD/HD の診断基準

A．（1）か（2）があること。
　（1）以下の注意力障害を示す項目のうち、6項目以上が、少なくとも6か月以上持続しており、それは日常生活に支障をきたし、かつ、発達段階に不相応なこと。
　　注意力障害
　　（a）勉強や仕事、あるいは他の活動時に、細かい注意を払うことができなかったり、ちょっとした誤り（careless mistakes）を起こすことが多い。
　　（b）課題や遊びにおいて注意を持続することが困難なことが多い。
　　（c）話しかけられていても聞いていないことが多い。
　　（d）指示を最後まで聞かず、勉強やちょっとした仕事、あるいは職場でのやるべき仕事をやり遂げることができないことが多い（反抗や指示の理解不足のためではない）。
　　（e）課題や仕事をまとめることができないことが多い。
　　（f）持続した精神活動が必要な課題を、避けたり、嫌ったり、ためらったりすることが多い（学校の授業や宿題など）。
　　（g）課題や他の活動に必要なものをなくすことが多い（たとえば、オモチャ、学校で必要な物、鉛筆、本、その他の道具など）。
　　（h）外からの刺激ですぐに気が散りやすい。
　　（i）その日にやることを忘れやすい。
　（2）以下の多動性や衝動性を示す項目のうち6項目以上が、少なくとも6ヶ月以上持続しており、それは日常生活に支障をきたし、かつ、発達段階に不相応なこと。
　　多動性
　　（a）手や足をよく動かしてそわそわしたり、椅子の上でもじもじすることが多い。
　　（b）教室や座っていなければいけない状況で離席することが多い。
　　（c）してはいけない状況で走りまわったり、あちこちよじ登ったりすることが多い（思春期や成人においては、落ち着かないという主観的な感情だけのこともある）。
　　（d）静かに遊ぶことが苦手なことが多い。
　　（e）絶えず動いていたり、駆り立てられたように動くことが多い。
　　（f）過剰に話すことが多い。
　　衝動性
　　（g）質問が終わっていないのに答えてしまうことが多い。
　　（h）順番を待つことが苦手なことが多い。
　　（i）他の人がやっていることをじゃましたり、むりやり入り込んだりすることが多い（たとえば、他の人の会話やゲームに首を突っ込む、など）。
B．障害をきたすほどの多動性-衝動性、あるいは注意力障害の症状のいくつかは、7歳以前に出現していること。
C．症状から生じている障害は、2か所以上の場でみられること（たとえば、学校（あるいは職場）と家庭、など）。
D．社会的、学業上、あるいは職業上、臨床的に明らかに支障をきたすほどの障害があること。
E．広汎性発達障害、統合失調症やその他の精神病、その他の精神疾患（気分障害・不安障害・解離性障害・人格障害、など）によるものではない。

DSM-Ⅳ-TR　精神疾患の分類と診断の手引き、1995（医学書院）より（一部変更）

中のブレーキの働きが不器用な子どもであると考えられています。

　これから AD/HD の図書をいくつか紹介します。お母さんのお手元に配られている表1-3（AD/HD の図書の紹介）を見てください。はじめに、アメリカの訳本で、『ブレーキをかけよう1　ADHD とうまくつきあうために』というのを紹介したいと思います。さっき私がお話ししたと同じようにように、アメリカの治療者も、AD/HD の子どもには「ブレーキをかけよう」と話しているのです。この本は8歳から13歳までの AD/HD の子どもが、自分で、あるいはお母さんや治療者と一緒に読んで、自分の病気はどんなものかを知って、自分でどんな工夫をしたらうまく生活できるようになるかを学習することができるのです。

表1-3　AD/HD に関する図書の紹介

（1）クイン，P.O.・スターン，J.M., 田中康雄・高山恵子（訳）『ブレーキをかけよう1　ADHD とうまくつきあうために』山洋社、1999.
（2）司馬理英子『のび太・ジャイアン症候群』主婦の友社、1997.
（3）司馬理英子『のび太・ジャイアン症候群2、ADHD これで子どもが変わる』主婦の友社、1999.
（4）石崎朝世『多動な子どもたち　Q＆A　ADHD を正しく理解するために』鈴木出版、1999.
（5）ファウラー，M., 沢木昇（訳）『手のつけられない子、それは ADHD のせいだった』扶桑社、1999.
（6）ハロウェル，E.M., レイティー，J.J., 司馬理英子（訳）『へんてこな贈り物　誤解されやすいあなたに　注意欠陥／多動性障害とのつきあい方』インターメディカル、1998.

　次に、このごろ日本で話題になっている本を紹介します。『のび太・ジャイアン症候群』『のび太・ジャイアン症候群2、ADHD これで子どもが変わる』という2冊の本です。これらの本の著者の司馬さんは、自分の子どもが AD/HD で、その後自分自身も AD/HD だということがわかり、この経験から本を書いたのです。

　『多動な子どもたち　Q＆A ADHD を正しく理解するために』という本は、障害児をよく診察している小児科医を中心に書かれた本です。この本には「質問とそれに対応する答え、Q＆A」という項目がありますので、自分の子どもの困っている問題がはっきりしているときにはそこを読めば解答がありますので便利です。

　さらに、『手のつけられない子、それは ADHD のせいだった』という本を紹介します。これは、アメリカのお母さんが AD/HD

の子どもを育てた体験を書いたものです。お母さんが自分の子どもがAD/HDとわかるまでの子どもとの悪戦苦闘、AD/HDとわかってからの子どもへの対応の工夫とその効果が赤裸々に書かれています。この本も日本ですでに訳本になって出版されていますので興味のある方は読んでみてください。

　最後に、『へんてこな贈り物　誤解されやすいあなたに―注意欠陥／多動性障害とのつきあい方』という本を紹介します。この本の表紙には「エジソンとモーツァルトと坂本龍馬の共通点　それはAD/HD、ADD（注意欠陥障害）だった」と書かれています。この本の表紙の3人のAD/HDの偉人について少しだけ紹介します。まずエジソンについて話をします。エジソンは偉人伝には必ずといってよいほど入っている代表的な偉人です。エジソンは電球を発明した人ですが、その他にも多くの発明をした発明王エジソンと言われている偉人です。しかし、エジソンは子どもの頃から逸話の多い人で、小学校の時に「あなたの子どもさんは学校では教育ができません」と宣言されて、小学校に行けなくなりました。不登校になり、お母さんが家でその後の教育をしたのです。エジソンは大人になっても、いろいろな実験を続けますが、その他にいろいろな失敗、たとえば機関車の仕事をしていた時には機関車の火事をおこしたりしています。しかし、エジソンの子ども時代のことを知ると、学校でうまくいかなくても、家族が根気強く教育をして大きくなると、エジソンのような立派な人になれる可能性があることを知ることができます。日本のAD/HDの親の会に「えじそんくらぶ」というのがありますが、会の名前の由来は今お話ししたエジソンに関係しています。

　次にモーツァルトの話に移ります。モーツァルトも偉人伝に入っている有名な音楽家です。モーツァルトの作った音楽は現在ではクラシック音楽に入っています。しかし、音楽評論家などの話をきくと、モーツァルトの音楽は、現在でいうとロック音楽とか前衛音楽のような新しいジャンルの音楽であり、その時代の代表的な音楽、宮廷音楽とは大きく違っていたそうです。モーツァルトはその時代の枠を大きく超えていた音楽家だったようです。モーツァルトもAD/HDだったのです。

　3人目の偉人の坂本龍馬は、日本が江戸から明治に変わるときに

大活躍をした高知県出身の武士です。『竜馬がゆく』(司馬遼太郎)の小説になったり、ドラマ化されたりしています。現在、高知空港は愛称として「高知龍馬空港」と呼ばれています。今や高知県民の誇りとなっています。坂本龍馬もAD/HDだったのです。

　これまでお話しした3人の偉人がAD/HDであったと知ることは、AD/HDの子どもを育てるときに大切なことだと思っています。子どもの悪いところばかりが気になっているお母さんに、自分の子どももひょっとしたらエジソンやモーツァルトや坂本龍馬のような立派な大人になれるかもしれないと、子どもの明るい将来を少しだけ考えられるようになってほしいのです。

4．お母さんが家で困っている子どもさんの問題は何でしょうか？

　次の項目、お母さんが家で困っていることは何でしょうか？に進みたいと思います。お母さんたちが毎日の生活で困っていることのいくつかを挙げておきました。

① (親の) 話を聞いてほしい。お話をよく聞くことができる子どもは全身を耳にします。
②夜一人で寝る前の準備をしてから寝てほしい。
③家での食事の時に、席をたたずに、静かに食べるようになってほしい (家での食事戦争を終わらせたい！)。
④きょうだい (あるいはお友達) とけんかにならず仲良く遊べるようになってほしい。
⑤宿題 (本読み、漢字、算数など) をやってほしい (家での宿題戦争をどうにかしたい！)。
⑥時間内に (登校、外出、入浴などの) 用意ができるようになってほしい。
⑦自分の持ち物をなくしたり、忘れ物が多いのをどうにかしてほしい。
⑧お店 (スーパーやデパート) などに連れて行った時静かにしてほしい。
⑨外食 (ファミリーレストランなどで) が静かにできるようになってほしい。

これには親類のお宅での食事も含まれるかもしれません。

子どもを連れて外食に出かけたのに、散々な外食になってしまい、疲れはてて家に帰ってきたことはありませんか。

⑩親が電話をかけているとき（あるいは玄関で応対しているときなど）に静かにしてほしい。

親が電話中のときに限って、子どもが騒いだり、きょうだいげんかをするという親の悩みを聞いたことがあります。

⑪冠婚葬祭のときに静かにしてほしい。

ふつうの子どもでも冠婚葬祭のときに静かにしつづけるのは難しいものです。しかし、生活体験として冠婚葬祭に参加させることも大切なことです。

以上に挙げた例を聞きながら、「自分の子どもはこれができるようになってほしい」と思ったお母さんもいるでしょう。

5．この学習室の要点

これからこの学習室で学習することの要点をお話しします。親が子どもの見方、子どもへの対応を変えれば、子どもをよい方向に変えることができるようになります。この学習室では親の変わり方、親の子どもに対する変身の技術（スキル）を教えます。「親が変われば子どもが変わる」のです。

親はAD/HDの子どもにしつけをしようとすると、親の言うことに素直に従ってくれないので、どうしても叱るようになり、叱りつけてばかりいるということが多くなりがちです。この学習室では、AD/HDの子どもを叱らないで、子どもが生活していくために必要なことを上手に教えることができる「褒め上手なお母さん」になれます。

AD/HD児のお母さんたちは保育士さんや担任教師などから「○○さんはこんな悪いことをしました」と、毎日のように苦情を言われ続けることが珍しくありません。そういう毎日を過ごしていると「自分の子どもにどんないいところがあるのか」全く思いつかなくなっているお母さんも多いのです。子どもの困った行動に日々追われて、子どもを冷静に観察することを忘れてしまっているのです。

この学習室で「観察上手なお母さん」に変身できます。子どもの見方を変えて観察すると、子どもにもいくつか良いところが見つかるものです。そうすると、少しのことでも子どもの良いところが発見でき、それに注目して褒める「褒め上手なお母さん」にもなれます。また、子どもの行動をよく観察していると「工夫上手なお母さん」にも「教え上手なお母さん」にも「待ち上手なお母さん」にもなれます。これまでこの学習室に参加されたお母さんたちも子どもへの対応を変えることができましたので、今回の学習室のお母さんたちもきっとできると思います。

6．この学習室とお薬の併用

　この学習室の自己紹介のときに、子どもがAD/HDのお薬を飲みはじめてから毎日の学校の教室付き添いをしないでよくなったというお母さんがいました。今日はじめてAD/HDのお薬のことを知ったお母さんもいると思います。「そんなに効く薬があったら今日からでも飲ませたい」と思われるお母さんもいるかもしれません。今回の学習室に参加している子どもさんで、現在お薬を飲んでいる子どもさんはこの学習室が終了するまで薬を飲み続けてください。一方、現在お薬を飲んでいない子どもさんはこの学習室が終わるまで新しいお薬は飲ませないでください。なぜかというと、この学習室（心理社会的な治療法のひとつ、親訓練と私たちは呼んでいますが）の治療効果を調べることをしていますので、この学習室の間、薬による影響が入らないように、条件を一定にしておきたいからです。もしも、薬を飲ませてみたいというお母さんがおられましたら、この学習室が終わった後に相談してください。

　自己紹介の時に子どもが現在お薬を飲んでいると言われたお母さんがいました。そのお母さんが言われたように、AD/HDのお薬の代表はメチルフェニデート（リタリン）で、AD/HDの70％位に効果があるといわれています。また、このお薬は子どもの年令が6歳以下、小学校に入学する前には、一般的には使わないお薬です。メチルフェニデート（リタリン）の他にも、抗うつ薬や抗てんかん薬などがAD/HDで使われることがあります。

7．この学習室のキーワード

AD/HD（注意欠陥／多動性障害）

行動観察、行動分析、課題分析

強化、消去

ポイントシステム、トークンシステム、レスポンスコスト

構造化

タイムアウト

行動理論、行動療法

参考文献

高橋三郎・大野　裕・染矢俊幸（訳）『DSM-Ⅳ-TR　精神疾患の分類と診断の手引き』（注意欠陥／多動性障害）医学書院、2002、59-61.

高橋三郎・花田幸一・藤縄　昭（訳）『DSM-Ⅲ-R　精神疾患の分類と診断の手引き』（注意欠陥・多動障害）医学書院、1988、54.

小枝達也『おちつきのない子ども』教育と医学、48：4-9、慶應義塾大学出版会、2000.

第2章　セッション2：治療例の紹介

1．はじめに

　皆さんがセッション1で学習されたように、AD/HDの子どもには落ち着きがなく常に動いているという多動、注意が持続しなかったり注意が移ったりする注意欠陥、待つことができなかったり状況に関係なく衝動的に行動してしまう衝動性が見られます。皆さんはご自分のお子さんのそのような多動や注意欠陥、衝動性に対して今までにいろいろなしつけや指導をされてきたことだと思います。ただ、なかなかうまくいかず、イライラしたり悩まれたりされてきたことでしょう。時には、つい手が出てしまったこともあると思います。そこでどのようにしつけたり指導したらいいのかを学習されるために、この学習室に参加されたのだと思います。しかしまだ、そんなに効果のあるしつけ方や指導法があるのか、本当に自分の子どもが変わるのか、本当に自分にできるのか不安をお持ちだと思います。

　このセッションでは実際の事例を紹介することで、どのようなことをするのか、どのような効果があるのかなどのイメージと見通しをもっていただきたいと思います。どのようすればいいのかの具体的な方法は、これからのセッションで詳しく説明していきますので、このセッションでは簡単な説明にしておきます。

2．自分の子どもを知る

　AD/HDの子どもには、多動や注意欠陥、衝動性があるといいます。しかし、すべてのAD/HDの子どもが同じような多動、注意欠陥、衝動性を示すわけではありません。当然ですよね。それぞれのAD/HDの子どもが、それぞれの多動、それぞれの注意欠陥、それぞれの衝動性を示すわけです。当然一人ひとり違った治療目標になりますし、一人ひとり違った指導法になります。まずは「自分

の子どもを知る」ことが必要です。そのためには観察が必要になります。自分の子どもがどのような状況・場面で多動や注意欠陥、衝動性を示すのか、あるいは示しにくいのか、どのような指示が通りやすいのか、通りにくいのか、どのような事あるいは物が好きなのかなどを、まず観察して知っておきましょう。

3．目標を決める

目標を決める

まず目標とする行動を決めます。その行動には、次の2種類があります。

①身につけさせたい行動、あるいは増やしたい行動
　たとえば、「宿題をする」がそうです。一度も宿題をやったことのない子どもにとっては、これは身につけさせたい行動になります。また、少ないけれども時には宿題をするならば、これは増やしたい行動になります。

②なくしたい行動、あるいは減らしたい行動
　たとえば、「人を叩く」がなくしたい行動になります。また、一日に4時間も5時間もテレビゲームをやっている子どもがいたとします。テレビゲームをやるのはいいけれども、もっと短時間にしてほしければ、これは減らしたい行動になります。

目標を具体的な言葉で表す

目標はできるだけ具体的な言葉で表します。たとえば、「友達と仲良くする」を目標にしたとします。これで具体的な行動がわかりますか？　今皆さんが頭の中でイメージされたものは、一人ひとり違うものでしょう。手をつないで学校に行っている姿をイメージされた方もいらっしゃるだろうし、交代でブランコに乗っている姿をイメージされた方もいらっしゃるかもしれません。このように受け取り方がそれぞれで違っては、具体的な目標とはいえません。AD/

HDの子どもは、友達とは仲良くしなさいと言われても、具体的にどうしたらいいのかわからないでしょう。たとえば「10分交代でテレビゲームをする」と、具体的な目標を決めましょう。

4. 子どもの行動に取り組む際のポイント

これから皆さんには実際に、家庭などで子どもの行動をよりよくするためにがんばっていただくわけですが、そのポイントを紹介します。
①達成可能な具体的な目標を決める
　より達成しやすい目標にすることで、皆さんにはこの学習室の考え方や方法を理解していただき、子どもが変化することで喜びを感じ自信を持っていただきたいと思います。
②子どもの行動を観察し記録すること
③今できるところから、一歩ずつ確実に
④できたら大いに褒め、できなければ工夫をする
　これらのことは、これから勉強していきましょう。

5. 事例の紹介

それでは事例を紹介していきます。これらの事例は実際にこの学習室に参加された方々のものです。

事例1　靴下をひとりではけない、こう君

まず最初の事例は、靴下をひとりではくことができなかった、小学校4年生のこう君の例です。では、ビデオ（プログラムの前期と後期で、お母さんがプレイルームで子どもに靴下をはかせるビデオ）を見ていただきましょう。

プログラム前期のビデオ

お母さんの行動	子どもの行動
「こう君、こう君」と子どもを呼ぶ。	

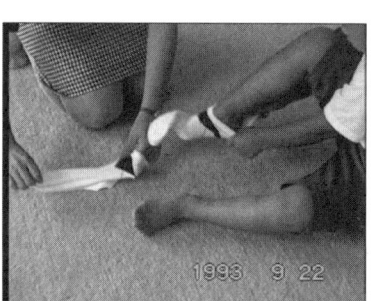

お母さんの行動	子どもの行動
「こう君！ 靴下はくよ」	プレイルーム内の遊具で遊んでいる。
	母親のほうを振り向く。
「はい、靴下をはいて」	
	母親に接近し、靴下を受け取り腰をおろす。周りをきょろきょろ見回しながら靴下をはき始めるが、なかなかうまくはけない。強引に足を突っ込むが靴下のかかとの部分が上にきている。
「こう君、さかさまよ。はきなおして」	「あーもう」と、不機嫌な声を出し、寝転ぶ。
「こう君、ほら靴下！」	「もういい！」と遊具のほうへ行ってしまい、その後は母親の指示に応じない。

プログラム後期のビデオ

お母さんの行動	子どもの行動
「はい！ こう君、靴下をはいてください」	
	靴下を受け取り、腰をおろしはき始める。靴下を注視しており、うまくはき終わる。
「上手でした」とニコニコ。	

　どうでしたか？　ずいぶんと上手に靴下がはけるようになっていましたね。お母さんの話では、こう君は靴下をはくことがあまり好きではなかったようです。しかしそれは、うまくはくことができず、何回もはきなおしをさせられたり、母親から強い口調でいわれることも大きく影響しているようでした。そこでとった主な方法は、次

のようなものでした。
①靴下の工夫

　まずはきやすい靴下を用意してもらいました。ぴったりの靴下ではなく、ちょっと大き目の靴下です。そしてできれば靴下の上下、特にかかとの部分がはっきりとわかるもの、好きなキャラクターのついたものを母親に頼みました。また、白い靴下の場合は、爪先の上部（視認しやすい）にこう君の名前を書いてもらいました。

②指示の出し方

　指示の出し方もちょっと変えてもらいました。子どもの注意が母親に向いてから、具体的にはっきりと指示してもらいました。

③介助

　また、初期の頃はくるぶし過ぎまで介助してもらいました。

　これらの工夫は靴下はきの成功を多くし、お母さんの強い口調を減らすのに効果がありました。このことで、こう君の靴下はきに対する抵抗感はずいぶんと低下したようです。

④強化子

　靴下をはき終わった時点でしっかりと褒めてもらい、また、シールを1枚台紙に貼ってもらいました。このシールが10枚たまると100円になり、ゲームセンターで遊べる約束でした。

　介助は少しずつ少なくしてもらい、ビデオでもわかるように、プログラムの最終段階では靴下をはくことに抵抗もなくとても上手になっています。

事例2　おしっこ、うんちの仕方がちょっと変で、宿題がなかなかできない、けい君

　次の事例は、トイレの時ズボンやパンツ、靴下まで脱いでしまい、宿題も取り掛かりが遅く完成できなかったり、忘れてしまったりする小学校1年生のけい君の例です。

　けい君のこのプログラム中の経過は次のようでした。

セッション1　欠席
セッション2　目標行動を、①前の日に学校の宿題（宿題のない日は市販のドリル）をして、明日の準備をする、②話かけられたり、名前を呼ばれたときに返事をする、とする。

セッション3　母親の報告では、けい君は母親の呼名には応じており、目標行動の②を「家のトイレでズボンのチャックを下ろしておしっこをし、チャックを上げて出てくる」に変更した。強化子と強化の方法は、①ができたらキャラクターカードをそれぞれ1枚ずつ与え、②ができたら台紙に1枚シールを貼って、そのシールが5枚たまるとハンバーガーの引き換え券1枚がもらえ、ハンバーガーを食べに外出できる、とした（図2-1）。

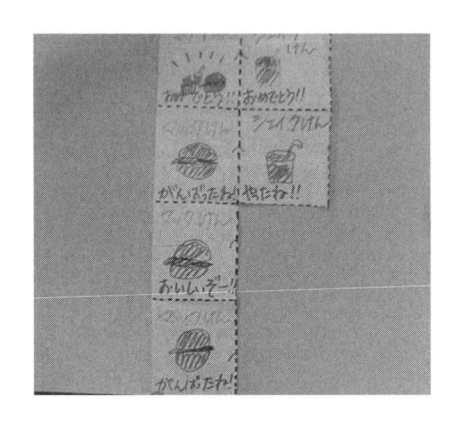

図2-1

セッション4　欠席

セッション5　母親は、トイレのドアにけい君が何をしたらよいかを書いて貼り、何がいつもらえるかがわかるように絵を書いて、見えやすいところに置いた（図2-2、図2-3）ことを報告した。また、

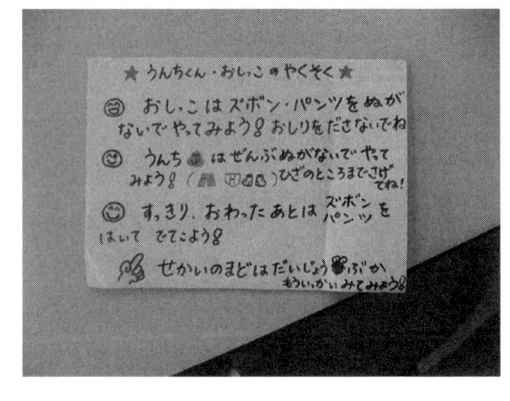

図2-2　　　　　　　　　　　　　　　　図2-3

けい君からシール10枚で車のおもちゃがいいとの要望がありそのように変更したこと、近くに新築し引越ししたためトイレが和式から洋式に変わったが、新しいトイレでも成功していることを報告した。

セッション６　①は時々忘れ物をすること、②は時にうっかりズボンを脱いでしまうこと、チャックを上げ忘れることが報告された。また、排便時の脱衣も同時に訓練していることを報告した。②の強化の基準を少し緩め、強化体験を早めに、また多くできるようアドバイスした。

セッション７　①は強化子のキャラクターカードが準備できておらず渡せなかったが、けい君の行動はいい方向に進んでいると報告された。②は脱衣やチャックの上げ忘れはかなり少なくなっていると報告された。①は言葉による強化を続けること、②は今の対応を続けることをアドバイスした。

セッション８　目標行動は①も②もほぼ100％できるようになっていた。母親の表情もよく、スタッフから「褒め上手」といわれると、母親は以前から父親と「けい君を褒めちぎろう」を合言葉にしていたが、どこを褒めていいかわからなかった、表を作ってそれがわかるようになった、と述べた。そのまま継続するようにアドバイスした。

事例３　朝の準備に手間取る、ゆう君

３つ目の事例は、朝の着替えや食事、歯磨きなどにとても時間がかかりそのため遅刻も多い小学校２年生のゆう君の例です。ゆう君の経過は次のようでした。

セッション１　母親は朝の様子や、忘れ物の多さ、きょうだいげんかなどでとても困っていることを報告した。

セッション２　目標行動を①朝の準備（洗顔、着替え、朝食、歯磨き）を声かけなしでやる、②全校集会に出る（体育館に入る）、とした。体育館はマイクの反響や、ピアノの音が嫌いとのことだった。

セッション３　①の強化子をキャラクターカードのセット（50枚）とする。洗顔が５分以内で３点、着替えが10分以内で10点、朝食が20分以内で５点、歯磨きが５分以内で５点と朝の行動の時間を決めポイント制とし行動の表を作るようアドバイスした（図2-4）。②は

感覚過敏の可能性も考えられ、もう少し観察するよう依頼した。

ゆう君のポイント表
　　100点ためて、カードをゲットしよう!!

	9月13日	9月14日	9月15日	9月16日	9月17日	9月18日	9月19日	合計
顔を洗う (5分以内で3点)	③	③	③					
着がえ (10分以内で10点)	×	×	⑩					
朝食 (20分以内で5点)	×	⑤	×					
歯みがき (5分以内で5点)	⑤	⑤	×					
合計	8	13	13					

図2-4

セッション4　着替え、朝食、歯磨きはほとんど声かけが必要だが、野球の練習がある日は声かけなしでできる。②は階層表（表2-1）を作成しセルフチェックさせようとアドバイスした。

表2-1　階層表の例（ゆう君のチャレンジ表）

	どこまでできるかな	できたかな（できたら○を）
1	体育館の外に立つ （音が少し聞こえる）	
2	体育館の玄関に入る （音が少し大きく聞こえる）	
3	体育館の中に入る	
4	体育館の中に1分間いる	
5	体育館の中に5分間いる	
6	体育館の中に10分間いる	
7	自分の席に10分間いる	
8	全校集会の最後まで参加する	

セッション5　①はほぼパーフェクト。表をよく見て行動しているとのこと。励ましのカードを各場所に貼っていると母親は報告した。

また母親はこの週でポイントが目標に達したが、ゆう君はこの時点でキャラクターカードは欲しくなく、さらにポイントの到達点数を高くし強化子を球場でのプロ野球観戦としたことを報告した。②はゆう君が「自分はパーフェクトにしたいから」といい、体育館に入ったとのことである。

セッション6 ①は食後にボーッとすることはあるがほぼ達成できている。②は何事もなく体育館に入れているとの報告があった。

セッション7 ①はパーフェクト。励ましのカードを小さくしたとのこと。②もパーフェクト。後半でプロ野球観戦の強化子を手に入れたことが報告された。

セッション8 ①はプロ野球観戦した翌日から、朝食後、歯磨きまでに時間がかかり、声かけを要することが多くなる。②はゆう君が「耳もガーンとしないよ。だいじょうぶだよ」と言ったとのこと。①では食卓に歯磨きセットを置き、朝食後すぐに歯磨きに移れるようにすることをアドバイスした。

セッション9・10 食卓上の歯磨きセットや貼っていたカードをすべてなくしても、スムーズに朝の準備ができているとの報告があった。

　どうでしたか。みんな良くなっているでしょう？「えーっ、本当？」と思われるかもしれませんが、ご紹介した3つの事例はすべてこの学習室で実際に勉強されたお母さんと子どもたちのものです。そしてみんなそんなに難しいことはしていません。目標をきちんと具体的に決めたり、表を作ったり、ちょっとした工夫をしたり、そして褒めただけです。

　事例1では、靴下や指示の出し方を工夫し、適切な介助をし、きちんと褒めることで靴下を上手にはけるようになりましたね。

　事例2ではまず、どうしたらいいのか、それができたらどうなるのかを、りい君がわかりやすくするために目で見てわかるように図にしました。図にすることで、子どもがとるべき具体的な行動や、目標を達成したら何を手に入れることができるかが明確になり、そのことが子どものやる気を育てます。またこの事例でもわかるように、どうやったらいいのかが理解でき、実際にその行動を何度か繰り返すことで、キャラクターカードという強化子がなくなっても、

言葉の強化子、つまり褒めることだけでその行動は維持されていくようになります。ご褒美がなければ動かなくなるのではないかと心配されるお母さんもたまにいらっしゃいますが、そのような心配は要りません。この詳しいことはセッション4で勉強することになっています。

事例3では、朝すべき行動のそれぞれで獲得できるポイントを決め、それを図にして目で確認できるようにしました。また歯磨きセットを食卓に置いたのも、次に何をしたらいいかが理解できる、いい視覚化になったようです。お母さん工夫の励ましカードもゆう君がうまくやれるようになったひとつの要因でしょう。またお母さんは、その励ましカードを小さくしたり、なくしたりと上手に介助を減らしてあります。②で使用した階層表は、体育館に入るまでの手順と到達点を視覚化したことにより、ゆう君の挑戦する心を強く動かしたのでしょう。

この3人のお母さん方も皆さんと同じように、このプログラムに参加された時は「いろいろやったけれどもうまくいかない」「どうしたらいいのかわからない」「叱ってばっかりでいやになる」とおっしゃっていました。どうにかしたい、でもどうしたらいいのかわからない、というのは皆さんと同じです。この学習室で、お母さんが理論と具体的な方法を学ぶことにより、知識を増やし実践する力をつけたことで、子どもは大きく変わることができました。皆さんも皆さん自身の考え方ややり方を変えることで、我が子を変えることができるはずです。

このセッションで少しでも皆さんの不安が減って、よし、やってみようという気持ちが高まったならば、とてもうれしく思います。それでは今日のセッションはこれで終わります。

参考文献

「精神科治療学」編集委員会(編集)『小児・思春期の精神障害治療ガイドライン』星和書店、2001.

第3章　セッション3：観察と記録

1．はじめに

　このセッションでは観察と記録の仕方を勉強します。AD/HDをもつお子さんを毎日援助していくことはとても大変なことです。困った行動はストレスを与えるため、家族は問題を大きくとらえてしまうかもしれません。また問題を過大評価すると、その問題に対処する気力が低下してしまい、適切な対応をとることができなくなってしまいます。このような悪循環に陥らないために客観的に問題をとらえ直すことが大切です。行動を具体的に観察・記録することは問題を客観的にとらえることができる優れた武器となります。

　観察・記録を通して、お母さんは自分の行動を振り返ることができます。多くの子どもさんは記録に興味を示すでしょう。記録により目標が明確になり、子どもさんは自分のがんばりがわかります。そして毎週記録を見ることで、進歩がつかめます。行動が変わらないようであれば、今とは違う他の工夫が必要とわかります。

　お母さん、お父さん、あるいはきょうだい姉妹など周囲の人がどのように対応したかを観察し記録し、記録をもとに対応についてスタッフと一緒に検討し、よりよい対応を考えていきましょう。どのような状況で、どのような行動が起こり、その結果どうなったかについて、よくわかる観察と記録の方法について、具体例をご紹介していきます。

2．目標行動の設定の仕方

　前回のセッションで、学習室で取り組む目標として、「できるようになってほしい行動」と「減らしたい行動」を一つずつ決めました。図3-1は、あるお母さんが書いたホームワークシートの一部です。

```
HOME  WORK  1

1. できるようになってほしい行動

  1) 宿題を早く済ませる

  2) 朝の支度が自分でできるようになる

2. 減らしたい行動

  1) 落ち着きがない

  2) 反抗的
```

図3-1　目標行動の例

　もしあなたが子どもの立場に立ったとき、目標に向けてどう行動すればよいかわかりますか？「宿題を早く済ませる」とは、いつまでのことを指すのか、「朝の支度」とは何か、「自分でできるように」とはどの行動を指すのか、声をかけられて歯磨きを始めることを目標にするのか、声かけなしで着替えを始めることを目標にするのか、具体化する必要があります。目標を具体化することで、到達度が明確になるからです。また、子どもさんにも目標がはっきり伝わるので、どのように振る舞えばよいかわかりやすく効果を得やすくなります。

　「減らしたい行動」も同様に、目標を具体化することが大切です。「落ち着きがない」とはどの場面のどの行動を指すのでしょう。あるお子さんは「食事中に席を立つ」かもしれませんし、他のお子さんは「スーパーで大声を出す」かもしれません。「反抗的」という表現は「『歯を磨きなさい』と言われた時に『その一言でやる気がうせた』など、文句を言ってテレビゲームを終わらせるまでに時間がかかり、歯を磨かないで寝てしまう」と言いかえることができるかもしれません。

　このように目標行動が具体的であるということは、子どもさんに

目標をわかりやすく提示できます。また、お母さんが目標の現状（ベースライン）と変化の様子を知ることができるのでとても重要です。

目標行動が具体的であるかを判断するテストにIBSOテスト（The Is the Behavior Specific and Objective test）というものがあります。IBSOテストの3つの項目に該当するようなら合格です。

---

1. その行動が、たとえば15分、1時間あるいは1日のあいだに何回生起するかを数えることができるか。あるいは、子どもがその行動を実行するのに要する時間を測定することができるか。すなわち、その行動が今日何回生じたか、あるいは何分間生じたかを報告できるか（回答は、ハイでなければならない）。

2. 変容しようと意図している目標行動を、他の人に話したとき、その人が何を観察すればよいかを正確に知ることができるか。すなわち、その子どもがその行動を行ったとき、それを実際に見落とすことなく見ることができるか（回答は、ハイでなければならない）。

3. 目標行動は、それよりもさらに小さい行動的成分（そのおのおのがもとの目標行動よりも、さらに特殊的で、いっそう観察可能なもの）に分割できるか（回答は、イイエでなければならない）。

図3-2　IBSOテスト（R.J. モリス, 1976：河合伊六訳、1977　許可を得て転載）

以上の点を考慮すると、先ほどの目標は図3-3のように記述しなおすことができます。

3. 目標行動の分類

目標行動は、起こる回数を増やしたい行動と減らしたい行動の2つにおおまかに分けることができます。これらの行動は図3-4に示すように、さらにそれぞれ3つに分けることができます。

増やしたい行動が、たとえば「宿題を8：00までにする」であったとして、まったくそれができないわけでなく、10回のうち5、6回できる場合、「回数を増やしたい行動」ということになります。

```
HOME  WORK  1

1. できるようになってほしい行動

  1) 宿題を早く済ませる  →  宿題を6時までに
                              済ませる

  2) 朝の支度が自分で    →  着替えと洗面・歯磨きを
     できるようになる        声かけなしでする

2. 減らしたい行動

  1) 落ち着きがない  →  食事中、座って食べる

  2) 反抗的  →  「歯を磨きなさい」と言われたら、
                5分以内にテレビゲームを止め、
                歯磨きを始める
```

図3-3 目標行動の例―具体化させたもの

増やしたい目標行動	減らしたい目標行動
回数を増やしたい行動	回数を減らしたい行動
拡張したい行動	完全になくしたい行動
開発が望まれる行動	適切な場面に限りたい行動

図3-4 目標行動を確定させるためのリスト
(R.J. モリス, 1976：河合伊六訳、1977、一部改変　許可を得て転載)

また、リビングでお母さんが側にいれば20分勉強できるのに、自分の部屋で一人になると5分間勉強できない場合、5分以上勉強できる場所が限られているので「拡張したい行動」となります。増やしたい行動が今までまったくしたことのないものなら、それは「開発が望まれる行動」です。開発が望まれる行動は3つの行動のうち最

も成果を上げるのが難しいので、「回数を増やしたい行動」と「拡張したい行動」の中から目標を選ぶことをお勧めします。

減らしたい行動も3つの種類があります。たとえばファミコン遊びの場合、一日中するのは困りますが、家で勉強したりお風呂に入るなどその日のうちにすべきことを終えた後にするのであれば問題になりません。このような行動は「回数を減らしたい行動」といえます。一方、自分や他人を傷つける行動は危険ですので、どんなことがあってもなくす必要がある「完全になくしたい行動」です。また、走り回るのは公園などでしたら適切な行動なのですが、レストランや電車の中では周囲の人に迷惑をかける「適切な場面に限りたい行動」です。お子さんのある行動を減らしたい場合、その行動が、これら3つのうちどれに当てはまるかを見定めるのはとても大切です。この見定めを間違ってしまうと、行動は減らないばかりか逆に増えてしまうこともあります。

4．記録の仕方

記録は、おおまかにいくつかのタイプに分かれます。お子さんの行動に合わせて、よくわかるオリジナルの記録を一緒に作っていきましょう。タイプ別に記録をご紹介します。

1）エピソード記録

減らしたい行動が起こるのだけれど、どのような要因で起きているのかわからないときには、減らしたい行動と関連している要因を見定める必要があります。このような場合にはエピソード記録が適しています。

減らしたい行動の前後の状況を記録していきます。つまり、「きっかけ」－「行動」－「結果」に分けてとらえていくのです。このような行動のとらえ方を行動分析といいます。

図3-5に示すように、行動のきっかけと、行動の次にどのような結果が起こるかを観察・記録します。行動の次にどんな結果が起こるかは、文脈に沿って判断してください。図3-5は、「起きる」「食事する」「友達の家に行く」という行動が、それぞれ「目覚まし時

きっかけ	—	行　　動	—	結　　果
目覚まし時計が鳴る	—	起きる	—	学校に定刻に着く
お腹が鳴る	—	食事をする	—	満腹になる
友達から誘われる	—	友達の家に行く	—	友達と遊ぶ

図3-5　行動分析の例

計が鳴る」「お腹が鳴る」「友達から誘われる」をきっかけに起こり、「学校に定刻に着く」「満腹になる」「友達と遊ぶ」という結果を得たことを示しています。行動の結果、満足いく結果が起こると、その行動は起きやすくなります。適切な行動と同様に、減らしてほしいような不適切な行動も、行動後の満足する結果によって定着します。次に、"オモチャを買ってとせがむ"という行動を例にとって、行動分析をさらに説明しましょう。

オモチャを買ってとせがむA君

　A君はカプセルに入ったオモチャを自分でお金を入れて取り出し口をひねって出すのが好きで、このオモチャ売り場に来ると「買って！　買って！」と地団駄踏んで買うようお母さんにせがんでいました。お母さんがいくらなだめても諦めません。「今日だけよ」と言いながらオモチャを買ってしまいました。これを行動分析すると、次のようになります。

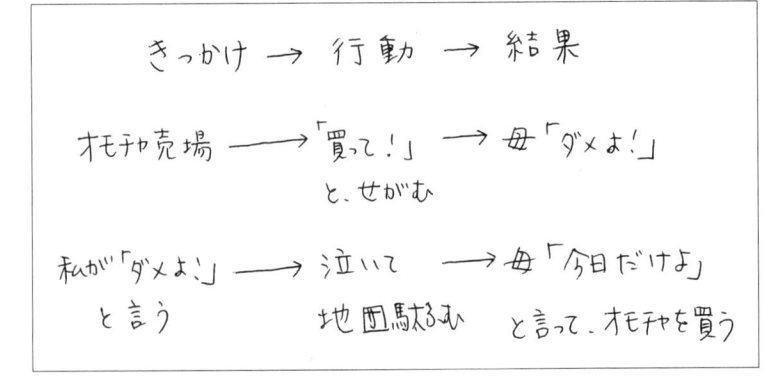

```
きっかけ　→　行動　→　結果

オモチャ売場　→　「買って！」　→　母「ダメよ！」
　　　　　　　　と、せがむ

私が「ダメよ！」　→　泣いて　　　→　母「今日だけよ」
と言う　　　　　　地団駄ふむ　　と言って、オモチャを買う
```

図3-6　オモチャを買ってとせがむA君の記録

お母さんもわかっていながら、つい根負けしてオモチャを買ってあげてしまいます。お母さんからすれば、オモチャを買い与えれば子どもはすぐに大声を出したり地団駄踏むことを止め、笑顔になるからです。外出先で子どもに騒がれることは、多くの親にとって一刻も早く逃れたい状況です。でも、結果として子どもは「泣いて地団駄踏めばオモチャを買ってくれる」ということを学習してしまいます。お母さんは「今日だけ」のつもりでも、子どもは次にお買い物に行ったときもその学習した方法でオモチャをせがむことが予測されます。

　子育ては絶え間ない親子の行動−結果の繰り返しといってもよいでしょう。子どもに巻き込まれてうまく対応できずにいることもあります。行動分析をすることで、自分の子育て行動が客観的に判断できるようになり、適切な対応を編み出せるようになるのです。

2）回数を記録する

食事中に立ち歩かないことを目標にしたB君

　次にご紹介するのは、食事中に立ち歩かないことを目標にしたB君の記録（図3-7）です。夕食で立ち歩きが多いとのことで、夕食のみ観察記録することにしました。離席の頻度は多い時と少ない時があるようでしたが、離席頻度に影響する要因が思い当たりませんでした。そこで、差し当たり考えられる要因として考えられる「メニュー」「食事開始時間」「一緒に食べた人」を記録してもらうことにしました。そして離席の回数を書いてもらうことにしました。

　記録を通して、メニューや食事開始時間によって離席頻度に差はないこと、お父さんと一緒に御飯を食べる時に離席が増え、着席時間が減ることがわかりました。お父さんと子どものメニューが異なり、B君はお父さんが食べるおつまみが食べたくて、それをもらうために席を離れることがわかりました。そこで、お父さんと一緒に御飯を食べる時はあらかじめ食卓に出すメニューを伝えて何が食べたいか聞き、B君のお皿に盛って渡すことにしました。このように、記録からお子さんの行動やそれを取り巻く環境がよくわかり、工夫も見つけやすくなります。

<u>席について ごはんを食べる</u>

日付	6/3(水)		6/4(木)		6/5(金)	
メニュー	サバのみそ煮 ごはん ほうれんそうのおひたし 冷奴		ごはん ポテトサラダ から揚げ		カレーライス トマト キャベツ・マカロニサラダ チーズ	
誰と?	母・父		母		母・父	
	着席	離席	着席	離席	着席	離席
	6:13 (6分) 6:18 6:20 (5分) 6:25 6:28 (2分) 6:30 6:33 (17分) 6:50 ごちそう様	→① パパの冷奴 をもらいに立つ →② パパの冷奴 まだ欲しい (あげる) →③ かつおぶし をもらう (パパから)	6:30 (12分) 6:42 6:43 (19分) 7:02 ごちそう様	→① テレビの音を 大きくする テレビを 見ながら 食べる	6:25 (5分) 6:30 6:32 (8分) 6:40 6:43 (10分) 6:53 ごちそう様	→① パパの チーズが欲しい 分けてもらう →② チーズが 気に入り、 再び催促 沢山もらう チーズが全部 なくなったのを 確認 席を立つ
離席回数	下		一		丁	

図3-7 食事中に立ち歩かないことを目標にしたB君の記録

3) チャンス当たりの目標達成回数を記録する

　目標行動の中にはその行動が起こるべきチャンスがまちまちに起こるものがあります。たとえば「手を洗う」を目標とした場合、手を洗う必然性のある場面が何回起こるかは日によって異なります。そのような場合は、"チャンス当たりの目標達成回数"を記録することになります。

　例として、手を洗うことを目標にしたCちゃんの記録（図3-8）

をご紹介します。

手を洗う

月日	9/15	9/16	9/16	9/17	9/18	9/19	9/19
曜	月	火	火	水	木	金	金
チャンス	シャボン玉で遊んだ	どろ遊び	カレーライスを食べた	のり工作	公園の砂場	どろ遊び	アイスで手がベタベタ
声かけ	有	無	有	有	有	無	有
手洗い	OK!	OK!	×（お邪魔虫）	OK 友達と一緒に	×（ブランコに乗ってほう）	OK!	OK!
ごほうび	●	☆	×	🌻	×	❀	🐛

図3-8　手を洗うことを目標にしたCちゃんの記録

手を洗うことを目標にしたCちゃん

　Cちゃんは自分から手を洗うことができず、お母さんが汚れた手を洗うよう声をかけたり洗面所で手洗いを介助しようとすると走って逃げていました。Cちゃんには手が汚れていることを目で見て確認することができなかったので、手を洗うことから逃げていたのだと思われました。そこで、まずCちゃんの手が汚れていることを見て確認できる時にだけ手洗いをうながすことにしました。図には手が汚れたチャンス、手洗いをうながす声かけの有無、その後手を洗ったかについて記録されています。

　Cちゃんのお母さんは、Cちゃんが手を洗えた時に、Cちゃんと一緒にCちゃんがお気に入りのシールを記録に貼っていきました。Cちゃんはシールを貼るのが嬉しくて、全てのチャンスで手を洗えるようになりました。お母さんの記録表に貼ってあるシールは、Cちゃんが手を洗えた時のシールです。お母さんの記録がCちゃんの

ご褒美シール表の役割も果たしました。

4）時間の長さを記録する

　一つのことを終わらせるのにダラダラと時間がかかってしまうことも、お母さんを悩ませる行動の一つです。一つの行動が終わるまでの"時間の長さ"も記録の対象となります。

朝、学校に行く準備に時間がかかるDちゃん

　Dちゃんは、朝学校に行く持ち物の準備と着がえに時間がかかり、朝食抜きで登校したり、遅刻することも度々あるお子さんです。Dちゃんのお母さんは、持ち物の準備を始めてから着がえが終わるまでの時間の長さを記録しました。その記録を図3-9に示します。

<u>持ち物の準備と着がえを早くすませる</u>

	はじめ	おわり	かかった時間
9/24(木)	7:05	7:40	(35分)
9/25(金)	6:50	7:10	(20分)
9/28(月)	7:13	7:52	(39分)
9/29(火)	7:15	7:58	(43分)
9/30(水)	6:48	7:03	(15分)

図3-9　朝の支度に時間がかかるDちゃんの記録

　この記録から、Dちゃんは7時前に持ち物の準備に取り掛かる日は、準備が整うまでの時間が短いことがわかりました。そこで、朝

早く起きるように工夫を始めました。

5）時間見本法

　目標行動によっては、一日のうちによく起こる行動で、いつも絶え間なく観察・記録しなくてはならないものがあります。一日じゅう観察・記録することは大変な労力が必要ですし、効率がよくありません。このような場合、「時間見本法」と言って一日のうち特定の時間を決めて、目標となる行動を観察・記録する方法が適しています。

外出先で走り回るE君
　E君はスーパーで走り回ったり、自分の気に入ったコーナーに勝手に行ってしまったりと多動で、お母さんはお買い物にE君を連れて行く時は、いつでも走ってE君を追いかけられるように、動きやすいパンツスタイルと決めていました。E君はお母さんのところに戻ってくることもありますが、戻ったかと思うと、すぐ次の瞬間には別のところに走って行ってしまいます。お母さんに「何分間、お母さんと一緒にいられるか記録しましょう」と提案したところ、「一緒にいる時間が短すぎて、記録できません」との答えでした。そこで、時間見本法で記録することにしました。E君の場合は、スーパーに着いてから時間を5分おきに区切り、5分の間にE君がお母さんのもとを離れたかの有無をチェックしてもらうのです。図3-10はその記録です。時間見本法は、頻発する行動を観察するのに適した記録です。

5．最後に

　お子さんとお母さんの取り組みの効果は、毎日少しずつ形になって現れてきます。お子さんの成長ぶりは見過ごされることもありますから、セッションが進んだ段階で前の記録を見直すことが大切です。記録は子どもさんの状態を的確にとらえ、進歩の様子を知り、対応の効果を測り、対応の改善を検討する一連の取り組みに重要な役割を果たします。観察と記録がお子さんの行動を変える鍵を握っ

スーパーで 一人で行動しない

	同行者	0-5分	5-10分	10-15分	15-20分	20-25分	場所
5/20(木)	母	✓	−	−	/	/	近くの小型スーパー
5/21(金)	母	−	−	/	/	/	コンビニ
5/23(日)	父母	✓	✓	−	✓	−	大型スーパー
5/25(火)	母	−	✓	/	/	/	コンビニ

✓：親元を離れた
−：一緒にいた

図3-10　スーパーでお母さんから離れてしまうE君の記録

ているのです。お母さんと私達で、お子さんの目標に合った観察と記録をしていきましょう。もちろん、学習室のセッションを進めていく中で記録の方法を変えてもかまいません。観察や記録がしやすく、お子さんの状態がわかりやすい記録にすることが大切です。

参考文献

Morris, R.J. (1976). Behavior Modification With Children: A Systematic Guide. Massachusetts: Winthrop Publishers.

モリス, R.J., 河合伊六（訳）『ガイドブック 子どもの行動変容』ナカニシヤ出版、1977.

第4章　セッション4：強　化

1．強化とは

　人は、目的のために（望ましい結果を求めて）行動することが多いものです。強化とは、ある行動が起こった後に、その人にとって望ましい結果を伴わせることにより、その行動自体を起こりやすくする手続きのことです。強化する際に「その人にとって望ましい結果」として利用するものを「強化子」と言います。このセッションでは、強化によって適切な行動を増やす方法について説明します。

　セッション3で、行動を「きっかけ→行動→結果」という流れで観察・記録することを学習しましたね（図4-1）。今回は、この「きっかけ→行動→結果」という行動の流れを使って、強化と強化子について説明します。

　　きっかけ　──→　行動　──→　結果

図4-1　行動の流れ

　図4-2を見てください。A君はお母さんから褒められたり抱きしめられたりすることが好きな子どもです。そんなA君がおしっこをしたくなって（きっかけ）、トイレに行っておしっこをします（行動）。トイレに行っておしっこをした直後、お母さんから「上手に出来たね」と言われながら抱きしめられる（結果）と、トイレに行っておしっこをする行動が増えました。「トイレに行っておしっこをする」という行動の後に「お母さんから褒められたり、抱きしめられたりする」という、A君にとってうれしい結果（強化子）を伴わせたことで、A君の中には「トイレに行っておしっこをする→いいことがある」という感覚が形成され、トイレに行っておしっこ

をする行動が起こりやすくなったと考えられます。これは、「トイレに行っておしっこをする」という行動が強化された例です。

```
きっかけ      →   行動              →   結果
おしっこを    →   トイレに行って    →   お母さんから
したい            おしっこする          褒められる
```

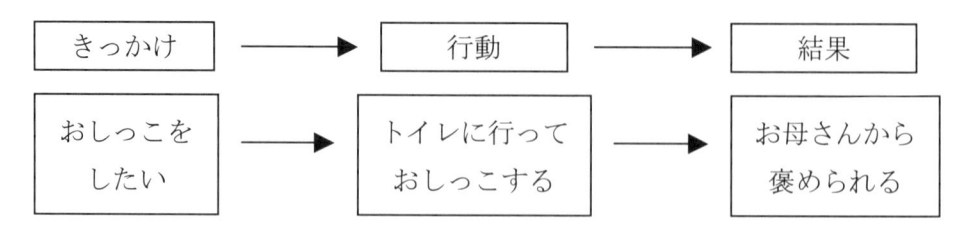

図4-2　適切な行動が強化される仕組み

　図4-3で、別の日のA君の行動を説明してみます。A君は、戸棚にあるケーキを見て、ケーキが食べたくなりました（きっかけ）。「お母さん、ケーキちょうだい！」とお願いしましたが、お母さんは「ダメ！　これはお客様に出すのよ」と言って、くれません。A君は欲しくてたまらないので、だだをこねて泣き叫び始めました（行動）。お母さんは、「別のお菓子だったら食べていいよ」とか、「我慢できたらゲームの時間を1時間延長していいよ」などと何とかA君をなだめようとしましたが、A君は泣き叫ぶばかりです。そのうちお母さんは根負けしてしまって、「そんなに欲しいのなら食べなさい」とA君にケーキをあげてしまいました（結果）。これは、どこのご家庭でもよく目にする光景ですね。だだをこねてお母さんを困らせること（行動）でケーキをもらうこと（望ましい結果・強化子）ができたA君は、「自分の思いどおりにならなかったら、だだをこねる」という不適切な行動を起こしやすくなると考えられます。この場合も、だだをこねる行動が強化されたことになります。
　A君についてのこの2つの例から、私たちが、子どもの適切な行動（増えてほしい行動）だけでなく、時には不適切な行動（なくしてしまいたい、あるいは減らしたい行動）も強化してしまっていることがわかります。
　お母さんの学習室では、不適切な行動を減らすことより、まず適切な行動を増やすことを第一に考えます。子どもは、適切な行動が増えると不適切な行動が減ってくることも多いからです。従って、このセッションでは、行動の増やし方（強化の仕方）のポイントに

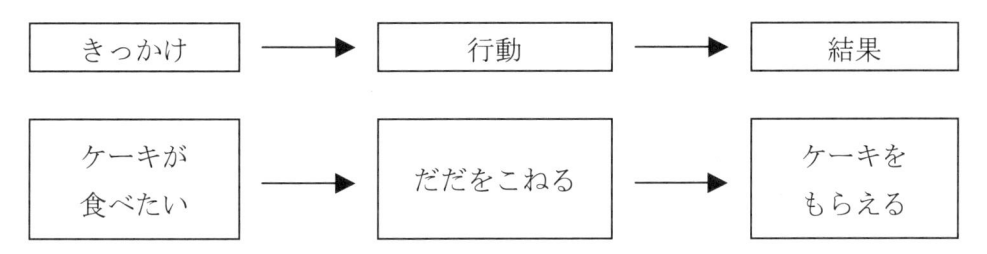

```
きっかけ  →  行動  →  結果

ケーキが    →  だだをこねる  →  ケーキを
食べたい                         もらえる
```

図4-3　不適切な行動が強化されてしまう仕組み

ついていくつかお話ししたいと思います。

　第一のポイントは、子どもの行動を「きっかけ→行動→結果」の流れでしっかり把握するということです。毎日の生活では、子どもの多動が激しかったり困ったことを次々に起こしてしまったり……で、お母さんもその場しのぎの対応になりがちです。そのような対応を変えるために、子どもの行動を、手がかりから一番最後の結果まで観察してみましょう。子どもの行動は、「きっかけ→行動→結果」だけで把握できるとは限りません。「結果」が次の行動の「きっかけ」になっている場合もあります。その時は「きっかけ→行動→結果（きっかけ）→行動→結果」となるでしょう。適切な行動を増やすためには、まず、行動を十分観察してそれを記録し、しっかり把握することが大切です。

2．強化子の種類

　次のポイントは、強化子の選び方とその使い方です。テキストに「強化子の種類はさまざま、子どもにあった強化子を探しましょう」と書かれています。前回のホームワーク（宿題）が「強化子探し」だったので、お母さん方は自分の子どもの好きなものを調べてみえられましたね。テキストでは、強化子を4つに分けて整理しています。

　まず食べ物ですが、アイスクリーム、チョコレート、スナック菓子などのお菓子類と、唐揚げ、フライドポテト、ラーメン、ハンバーガーなどの食事のおかずや軽食類とがあります。強化子として食べ物を使うときに注意することは、1回の強化子が多量の食べ物だとそれだけで満腹になってしまい、続けて強化しようとしても強化

子としての効果がなくなってしまったり、その後の食事に影響が出たりすることです。少量の食べ物でも子どもが喜べば強化子として使えます。たとえば、ひとかけらのチョコレートや、ミニカップラーメンでも十分効果があるものです。

　次は飲み物です。食べ物と同じように少量を心がけます。コーラのミニ缶や小さなコップ一杯のジュースなどを、強化子とします。

　次の強化子は物です。子どもが今欲しがっているものが強化子となります。たとえば、好きなキャラクターの関連商品や友達の間ではやっている物、自転車やゲームソフトなどが考えられます。値段が安い物から高い物までありますが、高い物の時は強化の仕方を考えます。

　最後の強化子は関わり・活動です。これは「すごい！」と褒めたり、抱っこしたり頭をなでたりすることや、キャッチボールをしたり、釣りに行ったり、スポーツ観戦に行ったりすることなどがあります。また、水遊びやビデオを見たりテレビゲームをしたりなどの、1人でやる活動も強化子として使えるときがあります。

　別の強化子の分け方として、一次性強化子、二次性強化子というものがあります。

　一次性強化子とは、人が生まれたときから持っている欲求を満たすもののことです。たとえば、お腹が空いたときの食べ物、のどが渇いたときの飲み物、寒いときの暖房などです。

　二次性強化子は、人が学習したり経験したりすることによって、欲しがるようになったものです。たとえば、ゲームソフトやお金がそうです。名誉や賞状なども二次性強化子です。これらは、生まれたときから欲しい物ではなく、学習したり経験することによって、自分にとって価値のあるものになります。

　先にもお話しした行動の観察は、強化子を選ぶときにもとても大事なことです。子どもにとって何が強化子となるのか、強化子としての効果が、飽きたりして薄れてきていないか、などを観察する必要があります。また、子どもの体調が悪いときなどは、食べ物や飲み物が強化子とならないこともあります。

3．強化子を用いる際の留意点──強化子の力を最大限利用するための秘訣

　今までお話ししてきた強化子を用いる際の留意点を、テキストには「強化子の力を最大限利用するための秘訣」としてまとめてあります。それらの11項目を説明します。

　第1の留意点は、「普段は手に入らないように」することです。強化子として魅力的なものにするためには普段は手に入らないようにしておく必要があります。たとえば、目標とする行動を「靴下をはく」として、強化子をチョコレートにしたとします。チョコレートは靴下をはいたときだけにもらえる特別なものにしなければなりません。おやつなどでチョコレートを出すのを止めておく必要があります。

　第2の留意点は、「より効果的な状況で」強化子をあげるようにします。たとえば、ミニラーメンを強化子にした場合、食事の後などお腹が一杯のときにミニラーメンをもらっても、あまりうれしくないかもしれません。ミニラーメンが強化子として大きな効果をもつためには、子どもがお腹を空かせているときに練習をすることが必要です。

　第3の留意点は、「その場ですぐ」強化子をあげることです。強化子はできるだけ望ましい行動をした直後に、すぐあげられるように準備をしておきます。すぐあげるのが難しい場合には、強化子の代わりに強化子との引換券を渡したり、ポイント制にして点数シールを渡したりする方法があります。強化したい行動を子どもができたとしても、強化子をもらうまでの時間が長くなってしまうと、子どもは強化子をもらった理由がわからなくなることがあります。

　第4の留意点は「『○○ができたから△△（強化子）』と理由も言って」強化子をあげることです。強化子をあげる方は、この行動ができたから強化子をあげていると思っていても、子どもの方は、行動と強化子のつながりがわかっていないこともあります。何だか知らないけれども、いいものがもらえると思っているかもしれません。ですから、子どもと「○○ができたら△△をあげる」という約束（取り決め）を、きちんとしておく必要があります。その約束（取り決め）を表にしてよく見えるところに貼っておくことも、効果的な方法です。

第5の留意点は「褒め言葉、笑顔も忘れずに」です。強化子をあげるときには褒め言葉と笑顔をセットにしておいてください。行動を身につけさせよう、増やそうとするときは、飲み物や食べ物、活動や物などを使いますが、いつかはそれらの強化子を使わなくても行動できるようにならなければなりません。褒め言葉や笑顔を強化子とセットにしておくと、強化子がなくなった時も、褒め言葉や笑顔そのものが強化子としての効果を持つようになります。

　第6の留意点は「はじめはできていることから強化子を」あげようということです。子どもの状態をよく観察しなかったりして、子どもにとって難しすぎる行動を要求すると、いつまでたっても子どもは強化子がもらえないことになってしまいます。これでは親も子もやる気をなくしてしまいます。まず子どもに、要求されている行動を自分がやると強化子がもらえるんだ、ということを理解してもらう必要があります。そのためには強化される体験をさせることです。はじめに簡単な課題、できている課題を準備するのは、強化を体験させるためです。

　第7の留意点は、「行動はできやすいように工夫して」やるということです。子どもが行動しやすいようにいろいろな工夫をすることは、第6の留意点と同じように、子どもが成功して強化子をもらいやすくするためです。後のセッションで、「環境の整え方」という講義がありますが、そこでいろいろな工夫の仕方をお話しすることになっています。

　第8の留意点は「回数を多くできるよう、1回の量は少なく、はじめは毎回強化」することです。はじめは子どもが成功するたびに強化しますので、1回の強化子の量は、少なくするようにします。皆さんも食事の時に、お皿一杯の料理を出されると、それだけでお腹が一杯になり別の物を食べることができません。それよりも小皿に盛られているいろいろな料理を食べてみたいと思いませんか。同じように、1回の強化子で満足してしまわないように、1回量を少なく、強化される回数を多くするようにします。

　第9の留意点は「行動が安定してできるまで続けましょう」ということです。強化子をいつまで続けるのかという不安があると思います。強化子は子どもの行動が十分安定するまで使います。この学習室の期間は約3カ月ですが、最後まで強化子を使うと考えておい

てください。強化子をいつどのようにして止めるかについては、このセッション後半の「強化スケジュール」のところでお話しします。

第10の留意点は「抽象的ではなく具体的でインパクトのあるものに」することです。強化子は、子どもにとって具体的でインパクトのあるものであることが大切です。子どもがとても欲しがっているもの、とてもしたがっていることを準備します。そして子どもに、自分が何をしたら何が手に入るのかを、具体的に伝えておくことが大切です。次のセッションで詳しくお話しすることになっています。

最後の第11の留意点は「強化子になっているかチェックしつつ」やるということです。強化子として効いているかどうかは、目標とした行動が増えているかどうかをチェックすることで判断することができます。練習の途中で強化子に飽きてしまうと、強化子としての魅力がなくなってしまいます。そうなると、目標とした行動はなかなか増えなくなってしまいます。その時は別の魅力的な強化子に変えることが必要です。強化子の効果が薄れてきたなあとか、何だか最近子どもがやりたがらないなあと感じた時は、一度強化子を見直してみましょう。AD/HDの子どもたちは気が変わりやすく、欲しい物など（強化子）も練習の途中で変わることがあります。その時は子どもの気持ちに合わせて強化子を変えることも必要です。

4．強化スケジュール

次にテキストの強化スケジュールのところを見てください。強化スケジュールとは、望ましい行動とその後の強化子をどのような間隔や割合にするかということです。

まず連続強化スケジュールについて説明します。連続強化スケジュールとは、目標行動が起こるたびに強化する方法です。私たちがジュースやタバコなどの自動販売機にお金を入れてボタンを押すと、そのたびにジュースやタバコが出てきます。これは連続強化スケジュールの一例です。この学習室では最初はこの連続強化スケジュールで強化します。子どもが目標とする行動をできたらその場で必ず強化して、子どもの行動が定着するようにします。新しい行動をつくるときには一般的にまず連続強化スケジュールで強化します。

次に間欠強化スケジュールについて説明します。これは間隔をあけて強化していく方法です。週給制の給料や月給制の給料は間欠強化スケジュールの例です。毎日働いているのですが、給料は給料日にしかもらえません。1週間あるいは1カ月待たなければなりません。その間、給料がもらえなくても仕事をするという行動を保っておく必要があります。臨時ボーナスのような、いつもらえるかは決まっていないけれども、不定期に入るお金も間欠強化スケジュールの一例です。子どもの場合、3回できたらご褒美をあげるとか、1週間に2日できたらご褒美をあげるなどの約束は、間欠強化スケジュールによる強化になります。子どもが特別によい行動をしたときに、臨時のご褒美を出すのもこの方法による強化です。

子どもの望ましい行動が安定し定着してきたら、強化をする間隔を少しずつ伸ばしたり、強化の割合を少しずつ減らしたりしていきます。

5．さまざまな強化の仕方

テキストに「プレマックの原理……日常よくとっている行動は、強化子の働きをします」と書かれています。ちょっとわかりづらいのですが、よく好きでやっている行動と、日ごろあまりやらない行動をセットにすると、日ごろあまりやらない行動の回数が増えるということです。つまり、毎日公園で遊んでいてほとんどお皿を洗わない子どもと、「お皿を洗ったら公園で遊んでいい」と約束すると、お皿を洗う回数が増えるということです。気を付けなければならないのは、好きな行動をあまりやらない行動の後にすることと、バランスです。バランスとは、たとえば洗うお皿の量がとても多かったら、子どもは「もう公園で遊ばなくてもいい」と言うかもしれません。お皿の量はほどほどに、はじめは少なめの方がいいでしょう。

テキストを見てください。「トークン強化子……お金と同じような意味を持つ代用貨幣のことです」と書いてあります。望ましい行動をしたときにその場で強化子をあげられないときや、強化子として1回であげるには高価すぎる物だったりしたときなどに使う方法です。トークン（シールやスタンプなどを使うことが多い）が約束の数たまったら、約束の品物がもらえたり、活動などができるよう

にします。トークンについては次のセッションで詳しくお話をします。

第5章 セッション5：
ポイントシステム

1．はじめに

　前のセッションで、望ましい行動を増やすための強化について説明しました。このセッションでは、より効果的に子どもさんの望ましい行動を増やす技法の一つであるトークンシステムや問題行動を減らす技法であるレスポンスコストについて説明します。

2．トークンシステム

　トークンシステムについて説明します。これは強化の方法の一つで、行動を確実に実現させるために有効な方法です。
　トークンシステムの中では、望ましい行動をするとトークンを手に入れ、トークンが約束していた数だけたまるとバックアップ強化子と交換することができます。
　トークン（代用貨幣）、トークン強化子とは、それ自体は価値はありませんが、価値があるもの（＝バックアップ強化子：それ自体は価値がないトークン強化子と交換することができる、それ自体が価値がある強化子。例、飛行機に乗るとマイレージというトークン強化子を手に入れることができ、マイレージが一定量以上たまると、航空券というバックアップ強化子をもらうことができる）と交換することができるものです。お金がその代表的なものです。紙幣や硬貨自体はそのみで価値があるものではありませんが、食べ物や衣服、コンサートのチケット、住宅、車などを手に入れることができます。そのほか、スーパーやレンタルビデオのスタンプカード、ベルマークなどがその例です。スタンプやベルマーク自体に価値はありませんが、それらを集めると好きな商品、無料券などのバックアップ強化子と交換することができます。このほか、お米、コーヒー

ショップ、薬局、などさまざまなポイントカードが私たちの身の回りにあります。それらは全てトークンシステムなのです。

トークンシステムの利点

　子どもの強化子として、食べ物や飲み物、褒め言葉は有効ですが、望ましい行動が起きるたびに飲食物を与えることが難しい場面もたくさんあります。たとえば、食事を静かに座って食べたらチョコレートをあげるという課題があっても、食事の最中や直後ではチョコレートの魅力は半減してしまうかもしれませんし、スーパーで静かにできたらコーラを1本という約束があってもスーパーでコーラをあげるのは難しいでしょう。また、子どもさんによってはもっと高価なものを求める場合があります。しかし、一度の課題でゲーム機を買ってあげるわけにはいきません。また、AD/HDの子どもさんは特に飽きやすく、気が変わりやすいのです。課題を決めたときに欲しがっていたものがすぐに強化力を失ってしまうことも十分考えられます。

　トークンを使うと次のような利点があります。

①持ち運びができるのでいつでもどこでも強化することができます。食事の最中でも外出先でも入浴中でもトークンだったらすぐに与えることができます。

②どれだけ強化されたか個数や点数で簡単にわかります。

③いろいろな強化子を準備することができます。たとえば5個たまったらケーキを1つ、とか50個たまったらゲームのソフトを1本というようにたまったトークンの数によって子どもさんの欲しがるバックアップ強化子を設定することができます。また、いくつかのバックアップ強化子を設定し、その中から子どもが選ぶようにすることもできます。さまざまな強化子を用意できることは、飽きやすいAD/HDの子どもさんのやる気を持続させることを助けてくれるでしょう。

④課題のがんばりの結果を子どもさんに合わせた形で表に表すことができます。

⑤AD/HDの子どもさんは、すぐに結果を求めたがるのですが、トークンをためて好きなバックアップ強化子をもらうことを体験することで、長期的な見通しを立ててものごとをやり遂げる力を身に

つけることができます。
　トークンシステムでは、子どもさんが、強化したい行動をしたら、トークン強化子を与え、そのトークン強化子を決められた約束どおりにバックアップ強化子と交換します。

トークンシステムを始める前に
　トークンシステムを始める前には、
①どんな行動をしたらトークンをいくつもらえるか
②トークンをいくつ集めたら
③どんなバックアップ強化子と交換できるか
を決める必要があります。
　たとえば、「宿題をしたらスタンプを1個押します。スタンプが10個たまったら、好きな漫画を買ってあげます」という約束をするわけです。ここで大事なことはまずは子どもさんが強化子をもらいやすくし、トークンシステムについて体験してその仕組みを理解できることです。AD/HDの子どもさんがトークンシステムにより望ましい行動を増やすための工夫について説明をします。

①どんな行動をしたらトークンをいくつもらえるか？
　まず、課題を選びます。子どもさんができる、もしくはもう少しでできそうな課題を選びます。いきなり難しいこと、苦手なことを課題にされても実行するのは困難です。料理の初心者に、いきなりフランス料理を作れといっても作れないのと同じです。初めはインスタントラーメンやゆで卵、目玉焼きなど簡単なメニューから挑戦していきます。子どもさんにとっての簡単なメニューを探しましょう。たとえば、食事の時に3分くらいは座っていられる子どもさんには食事の時に4分間座っているとか、比較的集中しやすい科目の宿題を終わらせるなどその子どもさんそれぞれに簡単なメニューがあるでしょう。
　また、子どもさんが得意なことから始めていくことも有効です。誰だって苦手なことはやりにくいし、課題にされるとうんざりします。初めは、今できていることを課題にすることも子どもに自信を持たせ、このシステムを子どもが理解するのに役立ちます。たとえば、新聞を取りに行くこと、食事の時にいつも家族を呼ぶこと、が

できているのならそれをお手伝いとして課題にしてみるのもいいでしょう。

　課題は細かく分けましょう。多動の子どもさんは注意が長く続かず、一つの行動を完了させることができないという特徴を持っています。もし課題を一つの行動、たとえば宿題を全部終わらせること、食事中ずっと座っていること、としていたら、子どもはいつまでも、たとえば1週間に1つも、1カ月に1つもトークンをもらうことができないかもしれません。トークンをいつまでももらえないと、子どもはトークンのシステムを理解することができないし、トークンは強化子としての働きを失ってしまいます。まずは子どもさんがトークンをもらいやすくするために、行動を細かく分けてそのステップごとにトークンを与えるようにします。そうすれば、約束した全ての枚数をもらうことができなくてもその一部のトークンをもらえることになります。

　A君の例を見てみましょう。A君はAD/HDの男の子で、食事の間、部屋のなかをちょろちょろ動き回り、落ち着いてご飯を食べることができませんでした。そこで、A君とお母さんは「食事中ずっと座っていられたらシールを5枚あげる。シールが10枚たまったらキャラクターカードを1枚あげる」という約束をしましたが、食事中ずっと座っていられることは1回もなく、何日たってもシールを1枚ももらえませんでした。しかし、課題を決めて観察する間にA君はお母さんが呼ぶとテーブルに着くことができること、席に着いて3分は座っていられることがわかりました。そこで、課題を次のように細かく分けてそのステップごとにトークンを与えるように変更しました。また、お母さんは、A君に時間がわかるように、キッチンタイマーを使用しました（図5-1参照）。

　すると、A君は1日に1、2枚のシールをもらうことができるようになりました。A君は食事の時に席に着いたり、座り続けたりすることでシールをもらえることがわかり、座っていられる時間も長くなり、1日にもらえるシールの数は増えていきました。A君はシールを10枚ため、キャラクターカードをもらうことができました。

　また、注意が続かないという特徴から、頻繁な強化が有効であることは知られています。ここで、宿題をすることを課題にしたB君の例を紹介します。

```
A君とのお約束

お母さんが御飯よと声をかけ、席に着いたらシールを１枚
タイマーが鳴るまで座っていたらシールを１枚
もう一度タイマーが鳴るまで座っていたらシールを１枚
食べ終わるまで座っていたらシールを２枚

シールが１０枚たまったらキャラクターカードを１枚もらえます！！
```

全部の☆にシールがはれたら○○カードがもらえます！！

ピピピピピピ‥‥

図5-1　A君の例

　B君は、注意が続かず、宿題をしていてもすぐに机を離れ、おもちゃやテレビ、マンガに夢中になり、宿題を終わらせることができませんでした。B君とお母さんは、「放課後、宿題をしたらスタンプを５個あげる。10個たまったら、好きなビデオを借りていい」という約束をしました。でも、これまでに一度も宿題を終わらせたことがないB君は１週間たっても１つのスタンプももらえませんでした。そして、観察により、B君はまず机に座って鉛筆を握るまでに時間がかかること、また、はじめの１問、１行は書けるが、そのあとすぐに気が散ってしまうことがわかりました。そこで、約束を図5-2のように変更しました。

```
┌─────────────────────────────────────────────────────────┐
│                    B君とのお約束                          │
│                                                         │
│  午後4時までに机に座ったらスタンプを1個                    │
│  鉛筆を握ったらスタンプを1個                              │
│  はじめの1題を解いたら、1行書いたら　スタンプを1個         │
│  半分をしたらスタンプ1個                                  │
│  全部終わったらスタンプを1個                              │
│                                                         │
│  スタンプが5個たまったら好きなビデオをかりられます          │
│                                                         │
│                              ┌ビデオ┐                   │
│   ┌──┬──┬──┬──┬──┬──┬──┐                              │
│   │☀ │☀ │☀ │4 │5 │1 │2 │                              │
│   ├──┼──┼──┼──┼──┼──┼──┤                              │
│   │3 │4 │5 │1 │2 │3 │4 │                              │
│   └──┴──┴──┴──┴──┴──┴──┘                              │
│         └ビデオ┘                                        │
└─────────────────────────────────────────────────────────┘
```

図5-2　B君の例

　お母さんはB君が決まった時間までに机に座るとその場でよくできたねと褒めながらスタンプを1つ、鉛筆を握ると1つというようにステップごとに褒め言葉と一緒にトークンをあげました。B君は頻繁に褒めてもらい、トークンをその時にもらうことで頻繁に強化され、宿題を続けることができるようになり、1日に5枚スタンプをもらうことができるようになりました。

②トークンがいくつたまったらバックアップ強化子をもらえるか？
　初めは、子どもがバックアップ強化子をすぐにもらえるように約束をします。いきなり、トークンを100個ためたらゲームボーイのソフトを1本、といわれても100個はなかなかたまりません。初めは2、3回課題をすればバックアップ強化子をもらえるように設定し、子どもがトークンを集め、バックアップ強化子をもらうことを体験できるようにしましょう。賞品をもらわなければ、子どもさん

はこのシステムを理解することができません。初めは気前よくバックアップ強化子を与え、子どもさんにシステムのお得意さんになってもらいましょう（スーパーだって開店当初は大安売りです！）。そうして、何度かバックアップ強化子をもらえたあとに、バックアップ強化子をもらうために必要なトークンの数を増やしていけばいいのです。その際には子どもさんと話し合い、バックアップ強化子を変更することが必要かもしれません。

③バックアップ強化子を何にするか？

　子どもさんが目標行動をおこなえるようになるためには子どもが欲しがるバックアップ強化子を見つける必要があります。バックアップ強化子はものに限る必要はありません。ドライブやキャッチボール、一緒にゲーム、映画、カラオケなどのレジャー、また、ゲームやテレビ、就寝時刻の延長など、子どもの特権もバックアップ強化子になるのです。ご両親があげていいと思うもの、子どもさんが欲しいと思うものを親子で話し合って決めましょう。

　これは、バックアップ強化子だけではなく、強化子全般に言えることですが、強化子は課題を実行したとき以外には手に入らないようにする必要があります。課題をしてもしなくても強化子が手に入るならがんばる気持ちも減ってしまいます。

　また、バックアップ強化子はいくつかの中から選ぶようにすることもできます。同じくらいの価値を持つ複数の強化子の中から選ぶようにすることもできるのです。

　たとえば、スタンプが10個たまったらゲームを15分延長、キャラクターシール、アイスクリームのどれか好きなものをあげると決めておくのです。スタンプを10個ためたら子どもさんは好きなバックアップ強化子と交換できます。子どもさんの気持ちは変わりやすいものなので、はじめに決めた強化子はトークンがたまった頃には強化力が小さくなっているかもしれません。そのために、あらかじめ子どもさんと話し合って3個から5個くらいのバックアップ強化子を決めておき、トークンがたまったらその中から選ぶという約束が必要になるかもしれません。

　ここまでがトークンシステムを始めるまでの準備です。約束を決めたら約束を紙に書いた契約書とトークン表を作ります。注意が持

続しにくい子どもさんのためには壁に貼ってもいいでしょう。

システムを始めたら

　システムを始めて強化したい行動が見られたら、約束どおりにその場ですぐにトークンを与えましょう。そうすることで、子どもは課題をするとトークンをもらえることをしっかりと理解でき、課題も実行しやすくなるのです。トークンは持ち運びが便利でどこででも与えることができることも特徴なのです。もし、「スーパーで静かにお買い物をする」や「車の中で弟と仲良くする」など家の外でおこなう課題の場合にも、シールやコインなどならその場で渡すことができますし、スタンプや点数ならばたとえば点数や数を手に書いて家についてからトークン表に書き入れればいいのです。

　課題を実行し、トークンが約束の数だけたまったら、できるだけすぐにバックアップ強化子と交換します。すぐにバックアップ強化子を手に入れることで課題をするとバックアップ強化子が手に入ることを子どもはよく理解することができます。せっかくがんばってもいつまでも待たされたのでは子どもは課題をしようとはしないでしょう。

　加えて、もし、トークンを大量にため込み、何回もバックアップ強化子をもらえるだけのトークンを持っていると当分課題をしなくてもバックアップ強化子をもらえることになります。ためさせないようにすぐに交換するようにしましょう。

　B君は、スタンプを30個もためて、しばらくは宿題をしなくてもあと3本好きなビデオを借りられる権利を手に入れました。そうすると、また宿題をしなくなり、お母さんとの宿題戦争が再開されました。バックアップ強化子をもらえるだけのトークンを子どもさんが手に入れたらすぐにバックアップ強化子と交換しましょう。3日以内、1週間以内などの有効期限を決めるのもよい方法でしょう。（親御さんがバックアップ強化子と交換するのを忘れることも防いでくれます）。デパートのポイントや航空会社のマイレージなども有効期限がありますね？

　また、子どもは交渉上手です。「明日絶対するから」「土曜日までには必ずトークンをためるから」と前借りを要求するかもしれません。でも、必ず、子どもさんが手に入れたトークンとバックアップ

強化子を交換しましょう。課題をして決まった数のトークンを手に入れたときにだけバックアップ強化子をもらえるという原則を徹底することが大切です。

また、トークンシステムは、小さな子どもさんでなくても、高学年以降の子どもさんにも活用することができます。その場合、トークンはシールやスタンプではなく、点数になるかもしれないし、バックアップ強化子もお小遣いや映画など少し大人っぽいものになっているかもしれません。例のように、課題の内容も、小さい子どもさんよりも少し難しくなっているかもしれません。トークンはポイント制にして、毎日、合計を出すこともできるでしょう。

目　標	ポイント	毎日のポイント						
		土	日	月	火	水	木	金
夕食までに宿題をする	5	5	5	5	0	5	5	0
午後9時までに明日の学校の用意をする	5	5	0	5	5	0	0	5
午後8時までにお風呂の掃除をする	5	5	5	5	5	0	5	5
今日のポイント		15	10	15	10	5	10	10
前の日までの合計		0	15	25	40	50	55	65
合計		15	25	40	50	55	65	75

商品
プロ野球の試合（外野席）のチケット
または　スポーツセンターに行く　　100ポイント
週末に映画に行く
または　週末にボーリング　　70ポイント
次の一週間、午後10時まで起きていい
または　次の一週間、ゲームを毎日1時間30分していい（ゲーム30分延長）　　50ポイント
　　　　　　　　　　　　注　毎週金曜日の夜にポイントと商品を交換します

図5-3　ポイントシステムの例

ここまでが望ましい行動を増やすためのトークンシステムについての説明です。ここで、忘れてはいけないことがあります。子どもさんは誰でも、AD/HDの子どもさんは特に、望ましくない行動、悪いことをよくします。たとえばお友達と殴り合いのけんかをしたり、ものを壊したり、お葬式で興奮して騒いだりなどされると、親としても腹が立ち、つい、「そんなことをするならトークンはあげ

ない」とか「そんなことをするならトークンを返しなさい」という気持ちになってしまいがちなのです。しかし、トークンシステムは、望ましい行動をしたら強化子を与える仕組みですので、トークンシステムだけを導入している間は、悪いことをしたからといって、一度与えたトークンを取り上げたり、課題をおこなったのにトークンを与えなかったりすることは厳禁です。

まずはトークンシステムを子どもに理解してもらうことを目標にしましょう。

3．レスポンスコスト

トークンが子どもに受け入れられたら、次は望ましくない行動を減らすための試みについて考えてみましょう。レスポンスコストという方法です。一言で言うと不適切な行動があったら強化子を取り上げる方法です。トークンシステムと同様に私たちの生活に取り入れられています。

私たち大人にとって身近な例は運転免許の点数です。自動車免許を取ると、一定の点数、ポイントをもらいます。そして、交通違反という不適切な行動をすると点数は減点され、罰金を払うことになるのです。点数が多いと免許停止、取り消しなど、運転免許という特権を取り上げられるのです。「6時までに宿題をしないと今日は、ゲームはさせません」と子どもさんを叱るのも、宿題を始めるのが6時を過ぎるという不適切な行動をすることで、子どもが持っていたゲームをするという特権が取り上げられるというレスポンスコストのシステムなのです。

このシステムを始める前に忘れてはならないことがあります。まず、トークンシステムなどにより、子どもさんが望ましい行動をして強化子を得る、という経験を十分しておくということです。まず、子どもさんがポイントを持っていなければポイントを取り上げることができません。

ここでは前述のトークンシステムの中でのレスポンスコストについて説明します。まず、どんな行動をしたらいくつのトークンを取り上げられるかを決めます。大切なのはポイントを取り上げすぎないことです。また、取り上げられるポイントの数も大切です。たと

えば、1つの課題で5枚のシールをもらえる約束をしているときに、妹とけんかをして5枚取り上げられるとしたら、子どもさんのポイントはすぐになくなってしまいます。それでは望ましい行動を強化する働きも不適切な行動を減らす働きもなくなってしまうのです。一般的には、課題をしてもらえるトークンの3分の1以下のポイントを取り上げるのがいいとされています。たとえば、課題で10点もらえるのなら、多くても3点取り上げるといった具合です。

　トークンシステムと同様に約束をしたら、それを紙に書いて取り決めをします。ここでは、トークンシステムとレスポンスコストの両方についての取り決めを示しています。

　実際にシステムを始めて重要なのは、決めた行動以外の行動でトークンを取り上げてはいけないということです。どんな悪いことでも約束した行動以外のことでトークンを取り上げてはいけません。

　また、AD/HDの子どもさんは、してほしくない行動をすることも多いので、つい、レスポンスコストを多く導入したくなるのですが、誰だって、怒られたり、ご褒美を減らされるより、褒められたりご褒美をもらったりする方が好きに決まっていますし、その方が、いろいろなことも身に付きやすいようです。叱りすぎてご褒美を取り上げ過ぎていると、してほしい行動は増えずにますます、してほしくない行動が増えてしまうのです。なるべく、トークンシステムを使われることをお勧めします。

4．トークンシステム適用のコツ

　最後にトークンシステムのコツを少し説明しましょう。

　きょうだいがいる場合、AD/HDの子どもだけトークンシステムを導入して褒められ、ご褒美をもらえるとなれば、きょうだいとしておもしろいはずがありません。ひいきだといってすねるかもしれないし、きょうだいげんかのもとになるかもしれません。きょうだいがいる場合、そのきょうだいに合わせた課題、バックアップ強化子を準備してきょうだいそろってシステムを導入することでそのようなトラブルを避けることができます。

　また、せっかく作った約束表も、きょうだいげんかのついでに破いたり、課題を達成した、しないの判断でお父さんやお母さんと子

どもさんがもめて、怒った子どもさんが破ったりすることが考えられます。できたら、約束を書いた紙はコピーしたりして２通用意して、子どもさんと親御さんそれぞれが１枚ずつ持ったり、控えを用意しておいた方が無難かもしれません。

第6章　セッション6：環境の整え方

1．はじめに

　「親の指示に従わない」「物事を順序立ててできない」「計画性がない」「気にいらないとすぐにかんしゃくを起こす」「集中力が持続できない」……これらはAD/HD特有の症状ですが、そうならないようにする場合、どのような方法が有効なのでしょうか。

　そんな時に子どもの周りの環境をちょっと変えてやるだけで、うまくいくことがあります。また課題の与え方を工夫したり、指示の出し方を変えるだけで、子どもの行動は全然違ったものになるでしょう。

　このセッションでは、子どもが今、何をすればよいのか、またそのための指示を理解しやすくするための環境の調整の仕方、指示の方法について勉強します。

　上手に導いてあげれば、周囲とうまくやっていけるようになるものです。

2．子どもの行動、特徴をよく理解すること

　環境を整えるためには、まず子どもの行動、特徴をよく理解しましょう。「何に興味を示すのか」「どのくらいの時間、量ならできるのか」「どのような場面ならできるのか、あるいはしないのか」「どのような指示、方法ならばスムーズに理解できるのか」「どういう情報なら理解できるのか」など、具体的に把握しておくことが重要です。

　そして、このような行動、特徴の把握は、セッション3で学んだように日頃の「観察と記録」を継続しておこなうことです。「観察と記録」は、正しい判断・指導の指針になります。観察や記録をせずに、これくらいならわかるだろうと、誤った判断で指示を出すと

子どもは何をどうしたらいいかわからず、混乱してしまうだけです。また、問題行動も減ることはないでしょう。

3．環境調整

望ましい行動を増やしたり、問題行動を起きにくくするために、今までの環境を少し変えてみるという方法があります。

よけいな刺激を取り除く工夫

たとえば、「机に向かっても勉強のとりかかりが遅く、集中できない、だらだらとする」という行動について考えてみましょう。問題行動の原因になっているものは何でしょうか。

「机の上の透明マットに何をはさんでいますか？（キャラクターの絵や写真は取り除きましょう）」「机の前の本棚にはどんな本がありますか？（マンガやゲームの本は他の本棚に置きましょう）」「机の上におもちゃがありませんか？（机の上は学習用具だけにしましょう）」「引き出しの中におもちゃやカードが入っていませんか？（引き出しの中も学習道具だけにしましょう）」「椅子に座ると、窓越しに外の景色がどの程度見えますか？（勉強中はカーテンなどで外の景色を遮断しましょう）」「椅子は回転式ではありませんか？（クルクル回して遊び道具になっていることがあります。その時は固定式にしてみましょう）」「椅子は身長に合わせて調整していますか？（足をブラブラさせて、遊んでしまいます）」「壁にキャラクターのポスターなどを貼っていませんか？（集中力を欠きそうなポスターやカレンダーはやめましょう）」

このなかのどれかひとつでも変えてみましょう。今までの環境を変えることで、集中力や持続力が増すことがあります。目に見えるものを変えることは、行動の変化に有効であり、子どもが落ち着いて生活できることになります。

AD/HDの子どもにとって、「食事の席」や「教室の席」の位置は、離席、食事中のきょうだいげんか、他児とのトラブルなど問題行動の大きな原因のひとつになっています。

家庭での「食事中の離席」について考えてみましょう。離席しにくくするには、たとえば図6-1のように壁を背に座らせたり、コー

ナーに席を設けるようにします。また窓の外の景色が気になるようだったらカーテンなどで工夫したり、つい立てや家具を利用してテレビや他の刺激になりそうな物から遮断することも有効です。食事中にきょうだいげんかをする場合は、子ども同士を並んで座らせないようにし、大人が間に座ったりして、なるべく子ども同士の距離を離すようにしましょう。

教室での席の位置は、外の景色が見える窓側から離したり、他児とのトラブルを避け、担任の指示が通りやすくするために一番前の列にしたり、壁側にしたりして刺激から離す工夫が必要でしょう。

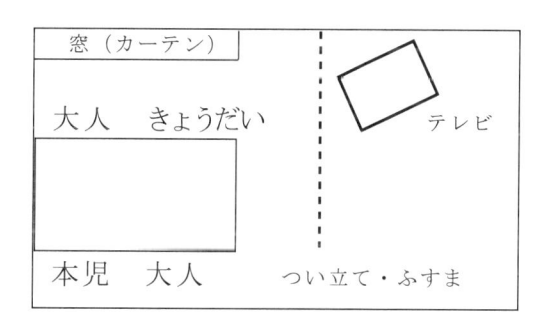

図6-1 食事中の離席を減らす工夫

置き場所の工夫

AD/HDの子どもには、おもちゃやゲームで遊んだ後、部屋中におもちゃを散らかし放題にし、親から叱られるケースが多くあります。

このような時、おもちゃを入れる箱におもちゃの絵を貼ったり、ことばで書いたりすると、しまう場所がはっきりわかり片付けやすくなります。また、いつも遊ぶおもちゃだけを決め、遊ばないおもちゃは見えないところに片付けておくことも必要です。遊ぶおもちゃの量が少ないと、片付ける時間が短くなり片付けるのが簡単になります。

学校の道具も置く場所を決めておくと、行動がスムーズになります。たとえば、靴箱横にランドセルを入れる箱を設置したり、帽子掛けを玄関に作るなどです。

環境の調整は、工夫次第でいろいろと変えられます。「○○はど

こ？」「××がない！」など大声で叫びながら、家のなかを走り回って探すことが少なくなるでしょう。

4．スケジュール

スケジュールは、「いつ」「何を」「いつまでに」すればよいのかを理解させるための方法です。「時間を上手に使えない」「計画的に課題ができない」「どれくらいの時間、勉強したらよいかわからない」「今からすることがわからない」などの時に役立ちます。

スケジュール表作成のポイント

スケジュール表は、子どもの集中力、記憶力に合わせて作成します。図6-2に作成のポイントを示します。

---
①毎日の行動や毎週やること、1カ月の予定などに用いる。
②わかりやすく見やすい表にする。
③時間の流れは「上から下」「左から右」にする。
④目につくところ（勉強部屋の壁、玄関のドアの内側、台所など）に貼る。

図6-2　スケジュール表作成のポイント

スケジュール表は、適度に難しい活動とやさしい活動のバランスを考えましょう。難しい活動ばかりだと子どもは嫌気がさしてきます。集中力に合わせ、好きなことや遊びの時間を入れることも大切です。取り組みの最初はすぐに達成できるように短めのスケジュールがいいでしょう。まず、成功体験を積ませることです。

また、子ども専用の掲示板を設置する方法もあります。図6-3のようにホワイトボードを利用して、毎朝、今日の予定を書いたり、大事な行事のプリントを貼ったりすることができます。

AD/HDの子どもは、「早くしなさい！」「時間がないのよ！」など大声でせかされると、ますます混乱してくることがあります。スケジュール表を作ると、次に何をすればいいのかがわかり、行動もスムーズになり、時間に余裕が出てくるでしょう。

第6章　セッション6：環境の整え方　　91

```
今日の予定
●4時　歯科に行く

●6時30分　夕食

こんどの日曜日
9時～3時
サッカー試合（県営グラウンド）

★　　　★
遠足のお知らせ
・日時
・場所
・持っていく物
```

図6-3　ホワイトボードの利用

・急な予定の変更について
　旅行や家族のイベント（結婚式、法事、パーティなど）も早めに予告し、スケジュール表を一緒に作成し、チェックする項目（場所の確認、始まりと終わりの時間など）を作ります。このように「一緒に確認していく」ことが大切です。

スケジュールの組み立て方
　スケジュール表は、子どもに応じてさまざまな種類のスケジュールを作ることができます。組み立て方は、「時間の長さ」「内容」を工夫して子どもに適したものを作りましょう。一度作ったスケジュールに無理に従わせるのではなく、うまくいかなかったら、子どもと話し合いながらスムーズな行動がとれるようになるまで修正・変更していきましょう。
　時間の長さによって、組み立て方は変わってきます。半日、1日、1週間（例6-1）、1カ月（例6-2）など、いろいろな作り方があります。また、数時間のスケジュール（例6-3）なども作れます。
　どのスケジュールも、枠組みを決め、先の見通しや予測をはっきりとわかりやすくしましょう。

スケジュール表の提示法
　子どもが見て、興味をひくスケジュール表であるかどうかです。

5日（月）	6日（火）	7日（水）	8日（木）	9日（金）	10日（土）	11日（日）
☆学校 歯科に行く 4時	☆学校 学力テスト	☆学校 塾に行く 4時〜6時	☆学校 漢字のテスト	☆学校 サッカークラブ 3時〜5時 学校グラウンド	おばあちゃんの家に行く 10時〜2時	サッカー試合 9時〜3時 県営グラウンド ※雨の時は中止

例6-1　1週間スケジュール

日	月	火	水	木	金	土
1	2 歯科に行く 4時	3 スケッチ大会	4	5 漢字のテスト	6	7 ぼくの誕生日 パーティ
8　運動会 雨の時は9日	9　学校休み 8日が雨の時は 運動会	10 9日が雨の時は 運動会	11	12	13	14　おばあちゃんの家に遊びに行く、泊まる
15 お姉ちゃんの誕生日　パーティ	16 歯科に行く 4時	17	18 作文の締め切り	19 漢字のテスト	20（動物園） 遠足 雨の時は普通授業	21
22 子ども会廃品回収	23	24 なわとび大会	25	26	27 20日が雨の時 遠足	28
29 サッカー試合 県営グラウンド 9時〜3時	30 歯科に行く 4時	31				

例6-2　1カ月スケジュール（大きな字で書き込みましょう）

　立派なスケジュール表を作ってもそれに注意、関心が向かなければ役に立ちません。つまり、子どもによって文字の方が理解が早い場合や絵、写真の方が良い場合など、子どもの能力を把握して作ることが大切です。

```
3:30   帰宅／おやつ
4:15   宿題
5:00   休憩／遊び時間
6:00   夕食／テレビ
8:00   入浴
8:30   明日の登校準備
8:45   寝る準備
9:00   就寝
```

目につくところに貼っておきましょう！

例6-3　学校から帰って寝るまで

　　たとえば、「絵・写真」「絵と文字の組合せ」「文字（単語のみ）」「短い文章」など、さまざまです。派手な色を付けたり、キャラクターの写真を貼ったり目を引く工夫も大切です。
　　例6-4は、まさお君の「学校から帰って、夕食までのスケジュール」です。これは、絵と文字の組み合わせの例です。例6-5は、つとむ君のスケジュールです。こちらは、文字だけのスケジュールです。

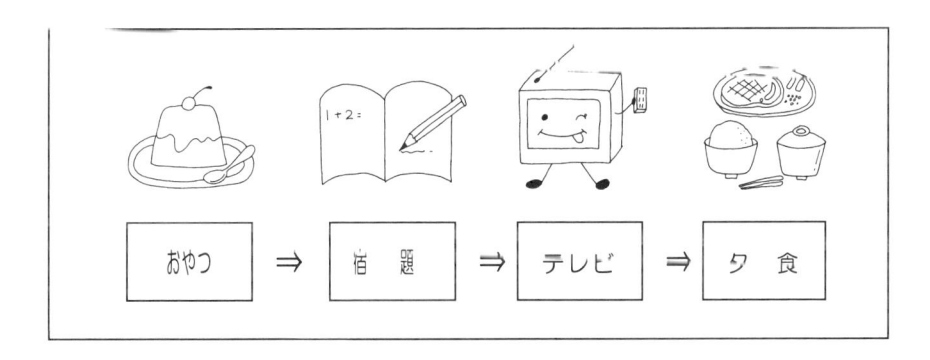

おやつ ⇒ 宿題 ⇒ テレビ ⇒ 夕食

例6-4　まさお君のスケジュール

急な予定の変更

　　準備万端していても、不測の事態はあるものです。その時の状況に合わせて、具体的に説明し再確認をさせることも大切です。

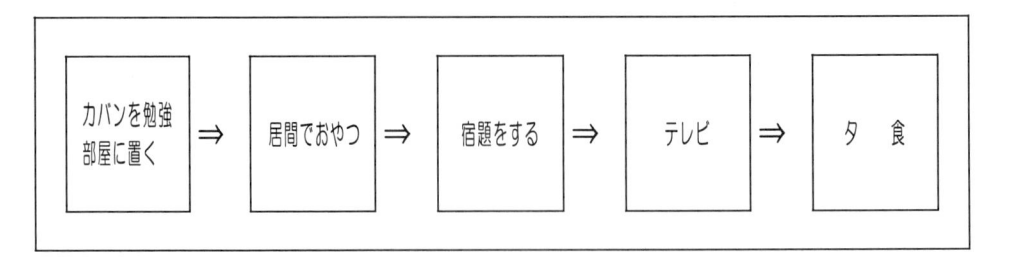

```
┌─────────────────────────────────────────────────────────────────┐
│  ┌──────────┐    ┌──────────┐   ┌──────────┐   ┌──────────┐   ┌──────────┐  │
│  │カバンを勉強│ ⇒ │居間でおやつ│ ⇒│宿題をする│ ⇒│ テレビ  │ ⇒│  夕 食  │  │
│  │部屋に置く│    │          │   │          │   │          │   │          │  │
│  └──────────┘    └──────────┘   └──────────┘   └──────────┘   └──────────┘  │
└─────────────────────────────────────────────────────────────────┘
```

例6-5　つとむ君のスケジュール

5．約束表

　「何回も言われないで、できるようになる」「やらなくてはいけないことを忘れないようにする」など、AD/HDの子どもは、このような課題をうまくやりこなすことがとても苦手です。こんな時、「約束表」を作り、チェックしていくと課題がうまく理解され、行動しやすくなります。これも環境を整える方法です。

約束表「○○君との取り決め表」の作り方
　「約束表」とは、望ましい行動や改めてほしい行動を親と子どもの間で取り決め、その具体的な課題を視覚を通して理解できるようにする表のことです。
　「約束表」は、毎日繰り返される行動に限定します。その行動に対して、はっきりしたことばで表現された我が家のルールを作ります。表には「～しない」ではなく、「～しよう」という肯定的な書き方をしましょう。たとえば、「妹を叩かない」ではなく、「妹とは仲良くしよう」という具合です。「家のなかを走り回らない」ではなく、「家のなかは静かに歩こう」とした方が、肯定的で周りの雰囲気もよくなるでしょう。
　約束が達成できた時の賞賛方法も大切です。約束が守られたときのご褒美の内容を決めましょう。チェック表を作り、その日の結果を親子で話し合って書き込みます。毎日の合計点に応じて、あらかじめ決めておいたご褒美を与えます。ルールをわかりやすくし、一貫性を持たせることが大切です。
　ご褒美は、食べ物やおもちゃや品物の他にテレビやゲームの時間延長などの特権もあります。子どもの動機づけになるものを見つけ

ましょう。さらにどんなご褒美にも「言葉で褒める」ことを忘れないようにしましょう。

例6-6は、「夕食の準備」の約束表です。

☆みんなの夕食の準備をしよう！！
（1日に4つできたらシール1枚）

用意するもの	月	火	水	木	金	土	日
茶わん お箸 お皿 コップ	○ ○ ○ ○	○ × × ×	○ ○ ○ ○	○ ○ ○ ○	○ ○ × ×	外　食	○ ○ ○ ○
シール	★		★	★			★

シール5枚たまったら → レンタルビデオ1本ゲット！！

例6-6　夕食の準備

　子どもに適した約束の課題を決めることも大切です。課題は具体的にわかりやすくしましょう。約束の課題によっては、子どもが選択できる状況を演出してみると、子どもに「じゃあ、やってみるか！」という意欲がわいて、望ましい行動が早く身につくことがあります。選択とは、2つ以上の状況を設定して、子どもに好きな方を選ばせることです。例6-7は、子どもに選択させる約束表です。

　実際の場面がきたら、親は一歩引いて穏やかな口調で本人が言われたとおりにするか、しないかを選べるようにしましょう。この場合、時間内に食べるも食べないも、もちろん本人次第であることを話します。指示は何度も繰り返しません。そして子どもの反応を待ちます。

　子どもが「よし、30分で食べよう！」と選択して、時間内に食べ終わることができたら、ゲームを許可します。その時には「褒め言葉」を忘れずに！

☆「**30分で夕食を食べよう！**」（〇〇君はどっちにするかな？）

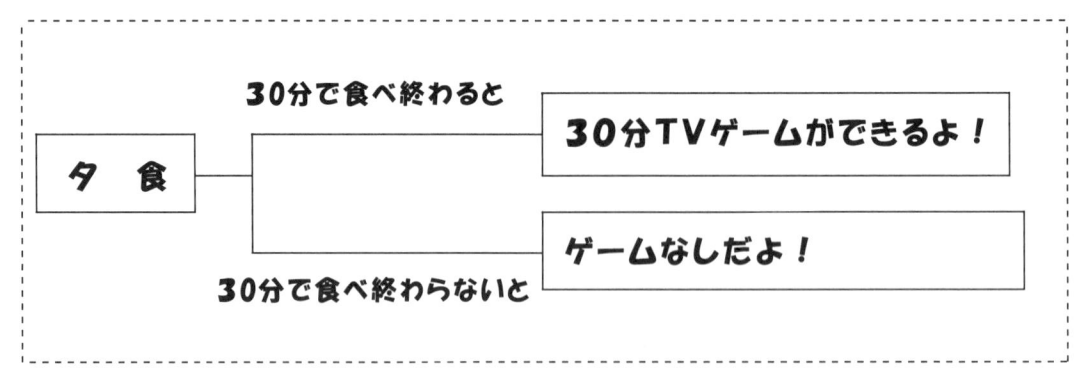

```
           30分で食べ終わると
  ┌──┐──────────  ┌─────────────────┐
  │夕 食│           │30分TVゲームができるよ！│
  └──┘            └─────────────────┘
       ──────────  ┌─────────────┐
           30分で食べ終わらないと │ゲームなしだよ！│
                    └─────────────┘
```

例6-7　子どもに選択させる約束表の例

　取り決めの課題には、例の他に「明日の登校準備をする」「家に帰ったらすぐ宿題をする」「妹と仲良く遊ぶ」などが考えられます。また、「食後の後片付けをする」「ペットの食事」「植木の水やり」「新聞取り」などのお手伝いもあります。
　約束の課題は、子どもと十分に話し合って決めましょう。決まった約束は、紙に書いて目につくところに貼っておきましょう。チェック表、ご褒美の与え方などもはっきりと見やすく作りましょう。最初は子どもが成功できるようにお膳立てを整えることが大切です。成功体験をさせ、まず褒め、賢い選択をすればよい結果が得られるという経験を積み重ねさせましょう。

6．課題の工夫

　課題を達成させるために、目標となる課題を一つひとつの細かい行動に分けて段階的に取り組ませることも大切です。たとえば「明日の登校準備をする」という課題について考えてみましょう。
　この課題を細かい行動に分けると図6-4のような手順表になります。
　このように細かい行動を「箇条書き」にし、紙に大きくわかりやすい字で書き、部屋の壁や目立つところに貼っておくと効果的です。少し複雑な行動でも、このように細かな行動に分けて示すと理解しやすくなります。一つひとつの行動が達成されるごとに賞賛しまし

> **明日の登校準備表（順番に確認！）**
> ①ランドセルを持って勉強部屋に行く。
> ②明日の時間割を確認する。
> ③持っていく物をランドセルに入れる。
> ④ランドセルに入らない物は別の袋に入れる。
> ⑤玄関にランドセルと袋を置く。

図6-4　登校準備の手順表

よう。

　タイマーの使用も課題遂行に適しています。注意持続時間に合わせて、宿題の時間を設定します。また、「10分後に出かける」時などにも有効です。タイマーの時間に集中し、他のことに気をとられずにできます。

　他に例6-8のように時計にシールを貼ったり、時間を色で区別して課題をおこなわせる方法もあります。

　長い課題はより小さな部分に分割して、ひとつ終えたらそのたびにチェックし、賞賛を与えてから次の課題に進み、課題の終わりの見通しを与えます。例6-9のような算数の宿題に適しています。問題数の多い算数の宿題は、見ただけでやる気をなくす子どもがいます。先の見通しが立たず、集中力のないAD/HDの子どもにとって、長い課題は苦手です。そのような時、問題を分割し、ひとつの囲みごとに順番をつけてやっていくことで、集中時間を持続させます。

　このように長い課題や量の多い課題を遂行しようとする時は、小さな課題に分けておこなうようにしましょう。最初はやり方を教え、ひとつできるごとに賞賛を忘れないようにしましょう。

　学習用具や小物も課題の遂行に役立ちます。下敷きの利用もそのひとつです。長い文章を読む時に、例6-10のように文章の上に下敷きを置いて一行ずつずらしていくと次の行のことが気にならず、ていねいに読むことができます。

　宿題のプリントを整理する時に、色別のフォルダーを利用するやり方があります。①今からするプリントを入れるフォルダー（赤）、②すでに終わったプリントを入れるフォルダー（青）というように

決めると、青いフォルダーごとランドセルに入れて持っていくことができます。プリントもシワクチャにならずに便利です。

　付箋もよく使うアイテムです。フォルダーと同じように色別に目印にしたり、ノートや教科書に貼ると、次にどこからすればいいのか、何ページまですればいいのか、がすぐにわかります。

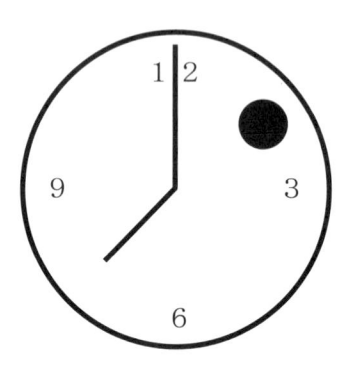

例 6-8　時計の工夫

例 6-9　算数の宿題

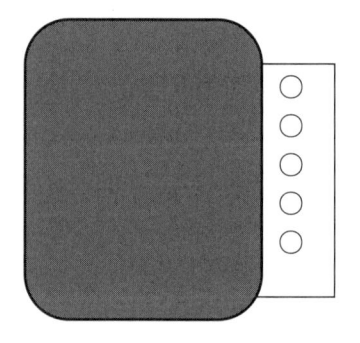

例 6-10　下敷きの利用

第7章 セッション7：
消去・タイムアウト

1．はじめに

　これまでのセッションでは、子どもの望ましい行動を増やすために、行動観察の仕方や強化の仕方、ポイントシステムの使い方などを勉強してきました。しかし、子どもの行動、特にAD/HDをもつ子どもたちの行動は望ましいものばかりではありません。「褒めて強化しようにも困った行動ばかりが目立って、褒めるチャンスがない」といった悩みはどのお母さんからもよく聞く、共通の悩みのようです。

　では、AD/HDの子どもの困った行動を減らすにはどうしたらよいでしょうか？　この学習室では、望ましい行動も、困った行動も、その「行動」の直後の「結果」により強化され維持されていると考えます。よって、これまでのセッションで勉強したように、まずは「てがかり」「行動」「結果」の流れをよく観察し、分析することが第一歩です。その上で、いくつかの方法の中から有効と思われるものを選び、試してみましょう。

2．困った行動はどのように維持、強化されているのか：行動観察

　子どもの困った行動について、行動の流れを詳しく見てみましょう。望ましい行動がご褒美（強化子）によって強化されるのと同様に、困った行動もご褒美によって強化されます。「困った行動には、ご褒美なんかあげないだろう」と、皆さんは思われるかも知れません。しかしここで大事なことは、何がご褒美になるかは、子どもと大人で違うということです。つまりお母さんや周りの大人から見れば必ずしもご褒美でないように思われるものも、子どもにとってはご褒美になりうるということです。

```
① てがかり  →  困った行動  →  強化子
                    ↑_____|
                       強化
```

　子どもが困った行動をした際、私たちが一般的にとりやすい対応として次の3つがあります。
　第1はすぐに注目と関心を向けるということです。望ましい行動に関しては、できるようになるとつい褒めるのを忘れがちになりますが、困った行動に関しては、よく考えてみると、常にどんな時でも注目していることが多いのです。これではお母さんや周りの大人の注目を集めたい子どもからすれば思うつぼで、困った行動が強化されてしまいます。
　第2に、与えていた指示を取り下げてしまうことです。たとえば「部屋の片付けをしなさい」と子どもに指示したにもかかわらず、「嫌だ」と駄々をこねられて結局周りの大人があきらめてそのままになってしまう場合などです。子どもからすれば、やりたくない、わからない、嫌だと思っていた指示が取り消されることによって、これまた困った行動が強化されてしまいます。
　第3に、強く叱ったり、叩いたりというような罰を与えることです。これには他の2つの方法と違って、強化の働きはありません。また一見即効性があるようにも思えます。しかし、罰による効果は一時的なものに過ぎず、特にAD/HDの子どもにとっては、乱暴な行動を学習してしまう悪いモデルとなります。

3．消去という考え方

　では、子どもの困った行動を減らすためには、具体的にどういう対応をすればよいのでしょうか？　困った行動を減らすには、「行動」が生じても、その後でご褒美（強化子）となるものが得られないようにします。「行動」が起こっても、強化されないために、その「行動」が弱まること、これを消去と呼びます。以下に強化と消去との違いを示します。

① てがかり → 困った行動 → 強化子
                    ↑
                   強化

② てがかり → 困った行動 →
                    ↑
                   ×消去

③ てがかり →

① ご褒美（強化子）によって困った行動が強化されています
② ご褒美を与えないと、困った行動は弱められ
③ ついにはなくなってしまいます

4．困った行動を減らすための具体的方法：計画的無視で消去する

　では、消去とは具体的にどういうふうにおこなえばよいのでしょうか？　以下の例で子どもの困った行動を強化しているご褒美（強化子）について考えてみましょう。

・騒いだら先生に叱られた
・いたずらをしたらお父さんに追いかけられた
・物を投げたら、お母さんに説教をされた

　これら2重線を引いた「結果」は大人にとってみれば子どもが嫌がる「結果」に思えます。誰だって叱られたりすることは嫌なことではないか？　そう考えがちです。しかし、少しでもお母さんや周りの大人の気を引きたい、かまってもらいたいと思う子どもにとってはどうでしょう？　2重線がご褒美（強化子）となって、1重線を引いた行動（困った行動）が強化されていることはよくあることです。特にAD/HDの子どもは、褒められることであれ、怒られることであれ、何らかの結果（大人の反応）を求める傾向が強いのです。そういった場合は、強化子をなくす、つまり注目や関心を寄せないことが、困った行動を減らす有効な手段となります。

計画的な無視を始めるときのチェックポイント

ただし計画的な無視を始める前に以下のチェックポイントに当てはまるかどうか確認しましょう。

表 7-1 計画的な無視をするときのチェックポイント

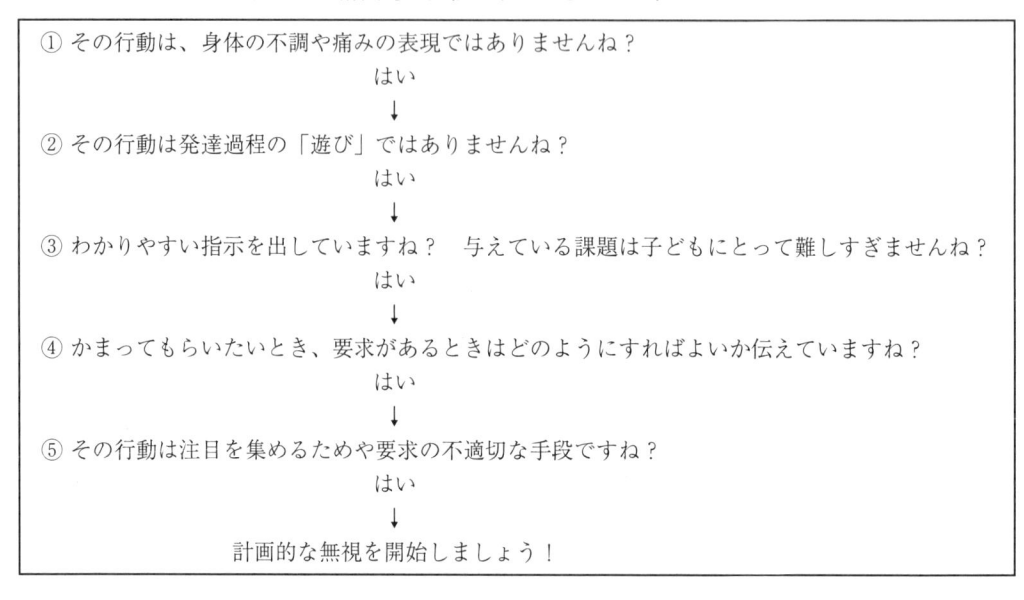

---
① その行動は、身体の不調や痛みの表現ではありませんね？
　　　　　　　　はい
　　　　　　　　↓
② その行動は発達過程の「遊び」ではありませんね？
　　　　　　　　はい
　　　　　　　　↓
③ わかりやすい指示を出していますね？　与えている課題は子どもにとって難しすぎませんね？
　　　　　　　　はい
　　　　　　　　↓
④ かまってもらいたいとき、要求があるときはどのようにすればよいか伝えていますね？
　　　　　　　　はい
　　　　　　　　↓
⑤ その行動は注目を集めるためや要求の不適切な手段ですね？
　　　　　　　　はい
　　　　　　　　↓
　　　　計画的な無視を開始しましょう！

以上のチェックポイントに当てはまり、困った行動が注目を集めるためや関心を引くための手段であると考えられる場合に有効なのが計画的無視*です。計画的無視とは子どもの困った行動をうまく無視して注目や関心を寄せない振りをすることです。この計画的無視によって、子どもにとってのご褒美である注目や関心がなくなり、困った行動は徐々に減少し、消去されるのです。

無視による行動の一時的増加

実際に計画的無視をする際には、知っておかなければならない重要なことが1つあります。それは、無視を始めると、必ずと言っていいほど、困った行動の一時的な増加、それも急激な増加が見られることです。しかしそこでお母さんや周りの大人が「効果がない」

---
*計画的無視——困った行動が注意や関心を引くための手段である場合、強化子を取り去ること、つまり注目しないことで、その行動を減らそうとする方法です。

とあきらめてしまったり、根負けして注意や関心を向けてしまったりすると、せっかくの計画的無視の効果が得られずじまいです。それどころか、子どもはお母さんや周りの大人が注目するまで、さらに激しく困った行動を続けるパターンができてしまいます。子どもの行動を分析して困った行動が注目を集めるためや関心を引くためのものであると推測したなら、辛抱強く最後までやり通すことが肝心です。

　わかりやすい例で「無視による行動の一時的増加」を考えてみましょう。車のエンジンをかけようとキーを回しても、エンジンがかからなければ皆さんはどうするでしょうか？「あれっ、おかしいな」と思い、繰り返しキーを回してみますね。そうしてバッテリーが切れていないか、ガソリンは入っているかなど、ランプの表示を見ながら何度もキーを回してみるでしょう。これが無視による行動の一時的増加です。今までキーを1回だけ回すことで済んでいたのが（行動）、エンジンがかからないこと（強化子がなくなること－無視）で、キーを回すことが何回にも増えるのです（行動の増加）。そしてあきらめてキーを回すのを止める（行動が消失する）まではしばらく時間がかかるでしょう。

　このようにある行動に対して、今まで得られていた結果（強化子）が得られなくなると、その行動は一時的に急激に増加します。この無視による行動の一時的増加は、子どもの困った行動を無視する際も、必ず見られます。しかし、そこであわてずに一貫した対応をすることで、困った行動は必ず消失していくのです。

　計画的無視の例を紹介します。

ケース１）病院の待ち合い室で騒ぐＡ君

　Ａ君（7歳、IQ95）はAD/HDのため、病院に通院し始めたばかりです。待ち合い室での様子を見ると、椅子にじっと座っていることができずにあちこち走り回り、お母さんが注意して追いかけたりやめさせようとすると、ケラケラ笑って逃げ回り、ますますエスカレートしています。診察を受ける頃には、お母さんはくたくたで、Ａ君は気分がハイになっており診察どころではありません。

　そこでお母さんと相談して、まずＡ君の困った行動（待ち合い室

で走り回ったり騒いだりする）を起こしやすくしている状況や環境を変え、その上で計画的無視をすることにしました。具体的には、診察する時間を人が少ない午後の時間帯に変更し、他の患者さんから離れた、物が少ない待ち合い室の端で待つようにしました。また予約した時刻の直前に来院してもらうようにして、待ち時間も短くするよう工夫しました。そしてお母さんの隣にA君の好きなマンガ本を置いておきました。これらの工夫をした上で、もしA君が走り回ったり騒いだりしてもお母さんは持ってきた文庫本を読む振りをしてうまく無視してもらうようにしました。

　最初のうちA君はやはりお母さんの顔色を見ながら走ったり騒いだりしていましたが、近くに他の患者さんがいないので注目されることはありません。短い時間なのでお母さんも何とかがんばって無視できています。A君はいくら騒いでもお母さんの反応がないとわかると、徐々にお母さんのそばから離れないようになり、自分もマンガ本を見て待てるようになりました。お母さんから静かに待てていることを褒められ、A君はうれしそうです。診察や心理テストにもきちんと取り組めるようになりました。

　この例のように、特にAD/HDの子どもに計画的無視をしようとする際、「無視しようにも周りの人への影響や子どもの安全を考えると放っておけない」と思われることがしばしばあります。また子どもの行動の流れを見直してみると、困った行動が起こりやすい環境、起きにくい環境があるのがわかります。そこでまずは環境調整や構造化、他の行動の強化など、他の方法を臨機応変に取り入れることが大切です。

5．困った行動を減らすための具体的方法いろいろ

　AD/HDの子どもの困った行動を減らそうとするとき、まずは褒めたり強化したり、お母さんが工夫することで子どもの望ましい行動を増やすことが先決です。なぜなら、子どもにとってはお母さんから褒められたり、ご褒美がもらえたりすることが何よりうれしいことであるのに、AD/HDの子どもにはなかなかその機会がないからです。AD/HDの子どもはいつもみんなに注意されることで嫌気がさしているでしょうし、お母さんも疲れているでしょう。

この学習室の基本は「褒め上手なお母さん」「工夫上手なお母さん」を目指すことです。「褒め（強化）上手、工夫上手」になるために、これまでのセッションでさまざまな方法や技法を勉強しました。ここでもう一度困った行動を減らすために有効なものをおさらいしましょう。AD/HDの子どもの特徴を知り、まずはお母さんや周りの大人が対応を変えることで、悪循環だった行動の流れは少しずつうまくいくようになるのです。

環境調整・構造化

セッション6で詳しく説明しています。困った行動が起きにくい環境や指示の出し方、課題の設定、物理的な構造化、時間の構造化を考えてみてください。AD/HDの子どもにとっては特に重要な視点です。困った行動が起きにくい環境を探すだけでなく、望ましい行動が起こりやすい環境も探してみましょう！

◎教室では──窓や通路から離れた一番前の席に座る、お手本になるような生徒の隣に座る、机の上にはその授業に必要な物だけ置く、教室内の基本的なルールやスケジュールを紙に書いて見えるところに貼る、課題はできるだけ短時間で区切って出す。

◎自宅では──勉強机の前はシンプルにする、帰宅後のスケジュールを紙に書いて貼る、宿題は取り組みやすい時間帯に固定して、時間を区切っておこなう。食事の際は離席が起きにくいように座る位置やテーブルの高さ、椅子の高さを工夫する。

他行動の強化

困った行動以外の行動を強化することです。一定期間意識的に続けることが必要です。

◎弟とよくけんかをする子どもに対して、弟とけんかしていなければ褒める。

◎いつもスーパーの中で騒ぎ、走り回る子どもに対して、スーパーの中で騒いだり、走り回ったりしていなければ褒める。

両立しない行動の強化

困った行動と同時には成り立たない行動を強化することです。発想を変えて、困った行動と両立しない行動を考えてみましょう。

◎すぐに椅子から立ち上がってしまい宿題ができない子どもに対して、短時間でも椅子に座る訓練をおこない、徐々に時間を長くしていき、できたら褒めたりご褒美をあげて強化する。
　　◎授業中の手遊びを減らすために「手はおひざ」といって手を膝の上に置かせ、できたら褒める。
　　◎いつもスーパーの中で騒ぎ、走り回る子どもに、母のそばでカート押しを手伝ったり、支払いの役目をしてもらい、できたら褒めてご褒美をあげる。

レスポンスコスト
　セッション5で詳しく説明しています。一つの困った行動に対し、与えていた強化子（トークン）を減らす方法です。AD/HDの子どもの場合は、マイナス面ばかりが目立ち、自己評価も低くなりやすいという特徴があり、あまり点数を引かれ過ぎるとポイントシステム自体が嫌になってしまうことがあります。ささいなことでも褒めて獲得点が多くなるような設定にしておくことが大切です。
　◎ 宿題を決められた時間にできれば3ポイントあげる、ゲーム中に弟を叩いたら1ポイント子どもからもらう。

誘因操作
　困った行動を起こすきっかけとなっていた手がかりを操作し、困った行動が起こらないようにすることです。お母さんや周りの大人が先手をうってすることが大切です。
　◎ 帰宅後に、お菓子がないとほしがって騒いだり、興奮したりする子どもにいつも前もってお菓子を準備しておく。その上で帰宅後に騒がなかったことを褒める。

6．それでも困った行動が減らないときの方法：タイムアウト

　困った行動が、計画的無視やその他の方法でも減らない、なくならない場合や、危険な行動がどんどんエスカレートしてしまってどうしようもないときはどうすればよいでしょうか？
　子どもがかんしゃくや八つ当たりなど、困った行動をした時、子どもも大人も両方がカーッとしてしまいます。子どもが困った行動

をとりそれが続く場合、そのままの環境で、同じ人が周りにいて、同じ対応（叱る、止めるように説得するなど）をしていては、子どもはパニックになってしまい、その行動はさらにエスカレートするばかりです。子どもの興奮がどうしようもない状況では子どもに（もちろん大人にとっても）冷静になる環境や時間を用意することが必要になります。つまり子どもの行動を強化しているもの（環境、刺激、状況）から一定時間引き離すことで、望ましくない行動を減らそうとするわけです。これをタイムアウトと呼びます。

タイムアウトは、それ以外のいろいろな方法を試して、それでも困った行動がどうしてもなくならない時の、最後の方法と考えましょう。タイムアウトは、十分な事前の計画・約束・確実な実行をおこない、冷静に用いれば効果的な方法です。

タイムアウトを使うときのポイントは、1）手続き、2）時間、3）場所の3つです。表7-2、表7-3、表7-4にそれぞれ示します。

表7-2　タイムアウトのポイント1）手続き

①子どもの困った行動を1つだけ選択する。
②タイムアウトを取り入れる前に、困った行動は何か、指示や警告に従わない場合はどのようにタイムアウトするかを知らせておく。
③困った行動があったとき、わかりやすい言葉で冷静に指示をする（「明日の学校の準備をしなさい」など）。青信号⇒その後5秒数える。
④それでも従わないとき、本人のそばに行って目を合わせて、断固とした口調で、冷静に警告する（「言ったとおりにしないとあの椅子に座らせますよ」など）。黄信号⇒その後5秒数える。
⑤1回目の指示、2回目の警告に従わなかったとき、タイムアウト室（場所）へとただちに移動しタイムアウトを開始する。赤信号。
⑥定時間後、指示に従うことを約束して、元の場所・課題へ戻る（タイムイン）。
⑦与えられた課題を少しでもすれば褒める。

表7-3　タイムアウトのポイント2）時間

①子どもの年齢×1〜2分
②子どもが落ち着いてから少なくとも30秒以上たってから終了する（所定の時間が過ぎてもまだ騒いでいるようなら「静かにしない限りずっと座っていなくてはいけません」と言い、再び離れる）
③指示に従うことを約束して元の場所・課題に戻る
④再び困った行動をする時は、もう一度同じ手続きを繰り返す
⑤長時間ほったらかしにしないこと！（大人も近くで待機し、観察しましょう!!）

表7-4 タイムアウトのポイント3）場所

①危険物がなく安全な場所
②強化子（子どもにとって魅力的なおもちゃ、テレビ、外の景色が見える窓）がない、退屈で静かな場所
③恐怖心を起こす場所ではないこと
④親がその場から立ち去ることも一つのタイムアウト
⑤その場で、強化子となっているものをとるのも一つのタイムアウト（スプーン投げがあったとき、いったん下膳してしまうなど）

タイムアウトの実例を紹介します。

ケース２）ゲームの決まりを守れず、弟に乱暴・攻撃してしまうＢ君

　Ｂ君（10歳、IQ102）は弟（６歳）とゲームをしています。２人でゲームをするときは、15分間ずつ交代でするのが決まりです。しかしＢ君が20分も30分もゲームを独占してしまい、その結果「貸して」と言う弟をこづいたり、更にエスカレートして叩いたり蹴ったりすることが頻繁に見られました。お母さんも、そういうことが続くとうんざりしてしまい、Ｂ君に口やかましく言ってしまいます。これでは褒めるチャンスがありません。

　そこで、お母さんはＢ君がゲームの決まりを守れない時はタイムアウトをすることにしました。ある日、ゲームの途中で弟を叩いているＢ君を見たお母さんは「弟と交代でゲームをしなさい」と、冷静に指示しました。この時、お母さんは心の中で５秒間数えます。そこでＢ君が指示に従い、弟と交代でゲームを始めれば次の警告はおこないません。しかし一度指示してもＢ君はゲームを占領しています。そこでお母さんは断固とした口調で「言うとおりにしないなら、お母さんがいいと言うまでゲームは預かります」と警告し、５秒間待ちました。しかし、それでもＢ君は弟にゲームを渡さずに、「貸して」とせがむ弟を蹴ろうとしています。

　１回目の指示、２回目の警告にもかかわらず指示に従わないＢ君を見て、お母さんはゲーム機を持って黙って弟と部屋を出ることにしました。その際Ｂ君がぶつぶつ不満を言ったり、「やだよ！」と言ってもお母さんはそれには反応せず、知らんぷりしてその場を離れました。

お母さんが少し離れた廊下のほうからB君の様子をうかがっていると、初めは「くそっ」「おかあさんのバカ！」などと言いながら部屋をうろうろしていましたが、数分すると座っておとなしく時間が経つのを待っています。その様子を見て、お母さんと弟は10分後にB君の所に戻りました。そして冷静に「弟と15分交代でゲームをすること」と言い、B君が「うん、わかった」と返事をしたら、ゲームの再開を許可します。

その後、弟と交代でゲームを終えたB君は「約束どおりできたね」と褒められてご褒美のジュースをもらうことができました。

ケース3）ふざけてしまって心理テストに集中できないC君

C君（5歳、IQ80）は病院に来ると、面接室で心理テストや席についてする課題をしてからおもちゃのある部屋で遊ぶのが決まりになっています。しかし、一度どうしてもテストの途中にふざけてしまって、席から離れ、興奮状態になったときがありました。どうも隣の部屋から他の子どもが遊ぶ声が聞こえたことがきっかけのようです。そこで検査者のO先生は、C君にテストを続けるよう指示しました。しかし、5秒間待ってもC君は席に戻ろうとしません。そこでO先生はC君に「言うとおりにできないなら先生は部屋を出ていくよ」と警告しました。しかしC君の興奮は激しくなるばかりで、室内を走り回ったり、椅子の上にあがったりとエスカレートしてきました。そこでO先生はC君を残して面接室からいったん出て、5分間待ちました。その際、隣の部屋で遊んでいた他の子どもにも少しのあいだ静かにしてもらうようにお願いしました。5分後、C君の興奮がおさまったのを確認して部屋に戻りました。そしてテストを続けることを約束し、再開しました。テストの残りは無事に終了し、C君はO先生に褒められておもちゃで遊ぶことができました。

7．最後に──悩んだ時のチェックリスト

困った行動が減らずに、つまずいたり、悩んだりした時は、もう一度振り出しに戻って以下の点を考えてみましょう。きっと何かのヒントが浮かぶはずです。

①行動観察による「てがかり」→「行動」→「結果」は子どもの立場から見たものになっていますか？
②目標は難しすぎませんか？
③消去やタイムアウトなどの方法は適切ですか？
④ささいなことでも、できたらすぐに、いつでも同じように、褒めていますか？

参考文献

大隈紘子『障害のある人を支える』教育と医学の会（編）慶応義塾大学出版会、2002.

大隈紘子・伊藤啓介・免田　賢「AD/HDの心理社会的治療：行動療法・親指導」『精神科治療学』Vol. 17、星和書店、2002.

Barkley, R.A. (1998). Attention-Deficit Hyperactivity Disorder. Scientific American.

Schaefer, C.E. & Briesmeister, J.M.（編）山上敏子・大隈紘子（監訳）『共同治療者としての親訓練ハンドブック』二瓶社、1996.

Barkley, R.A.（著）海輪由香子（訳）山田寛（監修）『バークレー先生のAD/HDのすべて』VOICE、2000.

Barkley, R.A.（著）海輪由香子（訳）高山恵子（監修）『バークレー先生の反抗的な子も8ステップでうまくいく』VOICE、2001.

上林靖子「注意欠陥／多動性障害の治療」『精神科治療学』Vol. 16増刊号、星和書店、2001.

クイン, P.O.・スターン, J.M.（著）田中康雄・高山恵子（訳）『ブレーキをかけよう―ADHDとうまくつきあうために―』えじそんくらぶ、1999.

榊原洋一「注意欠陥性多動性障害　治療と指導―行動療法」『小児科診療』診断と治療社、2002.

杉山尚子・島宗　理・佐藤方哉・リチャード.W.マロット・マリア.E.マロット『行動分析学入門』産業図書、1998.

シンシア　ウィッタム（著）上林靖子ら（訳）『読んで学べるADHDのペアレントトレーニング』明石書店、2002.

第8章 セッション8：
外出先での工夫・対処法

1．はじめに

　前のセッションでは、子どもの困った行動に対してどのように対応していくかを学びました。このセッションでは、これまで学習してきたことを家庭以外の場面でどのように応用していくかを学習します。

2．外出先でどんな経験をしましたか？

　スーパーやおもちゃ売り場などに出かけると、買物中の親子を観察する機会があります。よく見かけるのは、お菓子やゲームコーナーで駄々をこねている子どもとそれを何とか収めようとするお母さんの姿です。じっと観察していますと、さまざまな親子があることがわかります。

　これは、スーパーマーケットで見かけた光景です。お母さんは、買ってはいけないことを子どもに説得しますが、子どもは握ったお菓子を放しません。お母さんは、知らんぷりを決め込んで買い物を続けようとします。子どもの泣き声が一層大きくなります。周囲の買い物客は、ちらちらとこちらの方を見ているようです。お母さんは、泣き声をあげる子どもの手を引いてその場から離れようとします。しかし、子どもは一層大きな声を上げ、床に寝ころび手足をばたばたさせます。

　お母さんは、以前に学んだ計画的無視の方法を思い出ししばらく我慢していました。しかし一層激しくなる子どもの金切り声に、店員さんも何が起きたのかとこちらを伺っているようです。「この親は、家庭でどんなしつけをしているんだろう？」「なんてわがままな子どもだろう」。そんなひそひそ声まで聞こえてきそうです。

お母さんはその場にいたたまれず、「買ってもいいのは今度だけだからね」と子どもに伝え、一緒にレジへと向かいました。支払いが済んだころには、子どもはお菓子のパッケージを開けてにこにこ顔です。お母さんは、子どもと買い物に来たことを強く後悔していました。
　このような経験は、AD/HDの子どもをもつお母さんであれば誰でも経験しているのではないでしょうか？　ここで、参加者の皆さんに、お一人ずつ体験を話していただきたいと思います。
　Aさんどうぞ。
　「はい。子どもと一緒にファミリーレストランに食事に行ったときのことです。レストランに入るやいなや、レジ横に置いてあるおもちゃやグッズにすぐ手を出しました。でも、なんとか席に着き注文をしました。席から離れ店内を走り出そうとするので、通路側に私が座り子どもをブロックしてみました。子どもはもじもじと体を動かし、席の後ろ側で食事をしているお客さんをのぞき込むのです。子どもが背後で立ったり座ったり体を動かすので、食事中の方は落ち着かなかったことでしょう。料理が運ばれてくるまでの時間が大変長く感じられました。実際に、サービスの方から『他のお客様のご迷惑になりますので』と注意を受け、私も食事が喉を通りませんでした。それから、あのお店には行っていません」
　Bさんお願いします。
　「はい。2カ月前に親戚の家で法事がありました。当日、子どもはお経が読まれる中、大きな声を出して畳の部屋を走り回り大騒ぎです。弔問の方が多かったせいで興奮していたのでしょうか。注意をしますが耳に入らないようです。読経中追いかけ回すわけにもいかず、恥ずかしさで針のむしろに座っているようでした。久しく会わなかった親戚からは『元気いっぱいね』と慰められましたが、こんなときになんていうことを聞かないのだろう、と怒りでいっぱいでした。法事も終わりほっと胸をなで下ろしたところ、子どもが見当たりません。数名の親戚であたりを探したところ、家の裏山で虫を追いかけていました」
　ありがとうございました。子どもと外出するときには、さまざまなご苦労があったと思います。家庭内では対処できるようになっても、公共の場では一層の工夫が必要になりますね。お母さん方から

お話を伺うと、お店や冠婚葬祭以外では、自家用車内や公共の交通機関、他家訪問、地域行事、映画館などで困ることが多いようです。

3．外出先での工夫をはじめる前に

　外出先での問題に対応できるよう工夫する前に、いくつかのポイントを考えてみましょう。第1は、外出する前に、その場所で問題が生じることを予期できたかどうかということです。予測できる／できた場合は、これからお話しする方法が役に立つことでしょう。予測できない／できなかった場合は、今度同じような場所に出かけるとき、どうしたらよいか考えるためのよい機会となることでしょう。次は、もっとうまくやれるはずです。

　第2に、どのくらいの頻度でその場所に出かけるのか、そこに出かける予定は立っているのかも大切なポイントになります。保育園の帰りいつものスーパーで夕食の材料を買うならばその頻度は高く、子どもへの対応方法を工夫するチャンスは多くなります。ところが、急な用事ではじめての店に出かけるとなると、子どもへの対処はむずかしくなります。

　また、予定が早くからわかっている冠婚葬祭や地域行事はそのための準備期間が多くとれることになります。頻度は年に1回かもしれませんが、事前の工夫がとりやすいでしょう。はじめての場所に突然外出しなければならないことは、どれくらいありそうですか？意外と少ないのではないでしょうか（ご不幸があったり、事故・災害があったときは、除きます）。

4．前もって対応を考える、計画を立てる

　外出先では、どの場所で問題が生じるでしょうか。また、どんなタイプの問題が起こるのでしょうか？　そしてどんな結果になりそうですか？　視覚的にイメージしてください。
　外出して後悔する前に計画を立ててみましょう。

やさしいところからはじめよう
　子どもの行動をふり返ってみると、公共の場でも問題が生じにく

い（生じたことがない）場所とかなり頻繁に起こる場所があると思います。観察によって空腹時に外出すると問題が起きやすいことに気づき、軽い食事をとってから出かけると大丈夫だった例があります。十分に公園で遊んだ後は、その後静かにしている子どももいるでしょう。

民放テレビで「奥さまの節約術」という番組が先頃放送されました。スーパーに入る前、準備していた菓子の小袋を子どもに渡すという工夫です。映像では子どもはにこにこしながらお母さんの横を歩いていました。大袋のお菓子を買わなくて済む節約術の紹介でしたが、お菓子ねだりが困る年少の子どもに使えるかもしれませんね。

たとえば、お母さんの握っていた手をふりほどいて自分が関心あるところに走り出す子どものケースを考えてみましょう。郊外のショッピングセンターでは走り回るが、小児科の待合室では座っている子どもがいます。まず成功しやすいところから始めてください。

成功しやすいところは、その場所の熟知度と時間の2点から考えます。まず最初は、行きつけの場所や店から開始します。お母さんが場所の構造や雰囲気を知っているところからスタートです。成功が増えれば新しいところにチャレンジしてもよいでしょう。その場合は、下見をお忘れなく。案内板で子どもが好きな（走り出しそうな）場所やコーナーを確認してください。

時間については短時間で済むところから出発です。最初は、決めておいた一品の買い物が済んだらすぐに帰宅します。広告チラシで買い物リストを数点絞っておいてもいいでしょう。お母さんが店内をうろうろしなくてもいいようにすることが大事です。リスト以外の買い物をしない、余分なお金は持ち歩かない、と決心して外出したお母さんがおられます。同じ意味で、銀行ではキャッシュコーナーが長蛇の列になる休日前と休日明けは避ける、食品売り場では夕方6時頃のタイムサービスなど混み合う時間帯は避けるといった工夫もいります。

次のポイントは、家庭で効果が確認できた方法を使うことです。セッション7で述べた「計画的無視」の方法が使えるでしょうか（症例、病院の待合室で騒ぐA君、参照）。計画的無視は、最後まで一貫して子どもの行動を無視し続けられるかどうかに成功がかかっています。周囲の人への影響や子どもの安全を考慮するととても無

視し続けることがむずかしい、あるいはお母さんが冷静に自分を保つことができない時は、後に述べる方法を組み合わせて用います。

　前もって周囲の協力を得ることも大切ですね。お店の中のトラブルについて、コンビニエンスストアの店員さんにあらかじめ事情を話し協力してもらうことで計画的無視を成功させたお母さんがおられました。近所の個人店などにも応用できると思います。また、親戚の人に「今、子どもが練習していること」を伝え、一貫した対応で親戚先でのトラブルを解消したお母さんもおられました。計画的無視は、前もって環境を調整することで効果が大きくなります。

　Aさんは、外食時のトラブルをお話しくださいましたね。以前のグループのお母さんは次のように工夫されました。飲食店でもいろいろなところがあります。まず、平日お客が少ないハンバーガーショップの2階席から試してみました。多少の騒ぎがあってもお母さんは冷静でいられたそうです。次に、空いているファミリーレストラン、BGMが高めのファミリーレストラン、客層に子ども連れが多い店、と段階的にトライしたそうです。学習室の終わりには、お祖父さんの還暦祝いに家族でディナーコースにも出かけられたとお母さんは話されました。

約束を守った時の強化子を準備しよう

　次の段階として、外出前に約束（「待合室でお母さんのそばに座っていること」）を子どもに伝えます。ここでセッション4と5で学んだ強化子とポイントシステムの出番です。約束していたことができたなら、子どもを大いに褒めてください。子どもが楽しみにしている強化子を家に準備しておいてもいいですし、トークンシステムを利用してシールを渡してもいいでしょう。少しずつ段階を追って問題が起こりやすそうな場所にチャレンジしてみてください。子どもが我慢しにくいところは点数を高くするなど、場所によってトークン交換のポイント数を変えたお母さんもおられました。

　目標と強化子を提案して計画を実施するかどうか子どもに聞いたり、成功の目安を子どもに質問することも大切です。

5．子どもに復唱(リハーサル)させる

　これから述べる一連の方法は、とても効果があるものです。AD/HDをもつ子どもは、約束が理解できないのではなく、約束を忘れてしまうために上手に振る舞えないからです。私たちも人前でスピーチをするなど緊張したり、気持ちが浮き足立ったりしているときは、リハーサルをしますね。デパートで衝動買いをして後悔しないように買い物リストを作るのも同じことです。AD/HDの子どもに対してはそれを意識的に計画的にするのです（表8-1）。

表8-1　外出時のフローチャート

第1ステップ：出かける前のルール確認と復唱
　・成功しやすい場所を選択する
　・明確にルールを決める
　・成功したときの強化子を決定する
　・数日前、前日に子どもに外出予告と、ルールの確認をする

第2ステップ：公共の場に入る前にストップ
　・車内でルールを確認し復唱させる
　・入り口・玄関で確認し復唱させる

第3ステップ：店内での工夫
　①いきつけの場所　　　　　②初めての場所
　　・子どもに仕事を与える　　・下見をしておく
　　・店員に協力を求める　　　・店内の案内図をチェックする

第4ステップ：子どもを褒める
　・直後に強化子を渡す
　・車内でトークンシールを貼る

第1ステップ：出かける前にルールを確認、復唱を

　まず、外出先で守ってほしいことをお母さんがルール化しましょう。約束表というカードを作ってください。ルールは、子どもの理解にあわせてシンプルな記述にします。書き方も「お母さんから走り出さない」ではなく「お母さんの横を歩く」といった肯定形がわかりやすいでしょう。ルールの数もあまり多すぎると混乱しますの

で、必要最小限に絞るのがよいと思います（図8-1）。子どもと相談しながら作るとさらによいでしょう。子ども自身のものを買うならば、何を買うのか品物と個数をはっきりさせておきます。外出先では、"小さな声で話そうね"ということが目標になることもあります。

Mくんとの約束

☆1　お店の中で、お母さんとならんで歩きます
☆2　Mくんの買い物は、
　　　グレープ味のグミ1つ（商品名）……80円です

☆1と☆2ができたら、
　　　ごほうびシールを車で貼ります

図8-1　約束カードの一例

　まず、外出が決まったら前日より子どもに予告をしルールを確認します。前もって伝えると、外出が待ちきれなくなる子どもには時間を調整して予告します。そして、出かける前に、もう一度カードを読ませます。復唱させて約束が理解できていることを確認してください。復唱できたことを褒めトークンシールを渡してもよいでしょう。

　ポイントシステムと組み合わせるならば、約束を守れたらどうなるか、守らなかったときどうなるかも予め決めておきます。いきなり本番に入るより、成功しやすい場所（2カ所の公共の場）で練習し子どもにやり方を理解させると確実です。

第2ステップ：公共の場に入る前にストップ！

　さあ、大型ショッピングセンターに到着しました。子どもはさっそく入店しようと心待ちにしています。でもちょっと待ってください。車のドアを開ける前にもう一度子どもにルールを再確認します。

忘れている場合は、カードを出しもう一度確認し復唱させます。

必要であれば、入り口の前に立ち止まりもう一度確認してください。

第3ステップ：店内での工夫

いよいよ店内です。子どもに任せられるお仕事は何かありませんか？　ショッピングカートを一緒に押す、買い物リストを渡し済んだ品物にチェックを入れる、品物を袋に入れる、買い物袋を運ばせるなどです。子どもが能力を発揮できる仕事・責任を与えることは大切です。お手伝いを通して、子どもを褒めたり、感謝するチャンスは多過ぎるくらい準備します。

第4ステップ：子どもを褒める

無事買い物が終了したとしましょう。子どもがルールと約束を守れたことを大いに褒めてください。あるお母さんは、駐車場にとめてある車のダッシュボードにトークン表を置き、車内に戻るとすぐに子どもにシールを貼らせていました。帰宅後に強化子を準備してもよいのですが、セッション4で学んだように子どもの望ましい行動は直後に強化してください。コンビニエンスストアなどでは、根回しが大切だといいましたね。店員さんにレジで褒めてもらい大成功した例もあります。

ポイントは、規則を守っている子どもの努力を褒め忘れない！です。

6．外出先でのタイムアウト法

先の例では成功しましたが不従順が続くとき、また計画的無視も使えないときの方法について考えてみましょう。セッション7では、タイムアウト法（以下、タイムアウト）を学びましたね。基本的な考え方と手続きについては同じです。家庭でのタイムアウトと同様、外出前に子どもにルールとタイムアウトのことを話しておきます。ここでは、いくつかの相違点について述べます。

タイムアウトの場所

　第一は、タイムアウトの場所です。タイムアウト室は使えませんので、それに代わるところを利用します。子どもが落ち着くまで過ごす静かで刺激の少ないところに移動します。今からビデオをお見せしますね。これは私たちの病院1階にある待合室です。よく見ますと階段の上り口のところに囲まれた小さなコーナーがあります。ここは人通りや刺激も少なく使えそうです。これは、地元のショッピングセンターです。ここだとどこがいいでしょうか？　カメラを回してみるとありました。売り場から離れたところに、階段の踊り場と椅子が並んだコーナーがあります。子どもをここに座らせるとよいようです（図8-2）。

図8-2　タイムアウトの場所（建物の中）

　外出先によってどこが利用できるか事前に知っておいてください。新しいところでは建物に入ってすぐに案内図をみて、タイムアウトの場所を確認することが必要になります。

　日本の店、施設では限られたスペースを最大限利用しているため、タイムアウトに適した場所がどうしても見つからないこともあります。これは許可をもらって郵便局を映したビデオですが、どこにもスペースは見あたりませんね。でも、いったん建物を出ますと木陰の静かなコーナーが見つかりました（図8-3）。適当な場所が見つからない場合は、建物の外でタイムアウトを実施してください。場合によっては、駐車場の車内に連れていってもよいでしょう。子どもは後部座席かその床に座らせます。親は前席に座ります。タイムアウトのスペースは子どもにとって刺激がなく面白みのないところとします。車内のオモチャや雑誌、荷物は出発前に片づけておきます。

親は車外に出てもよいですが、キーは必ず抜くこと、時間を厳守し絶対に車から離れないでください。

図8-3　タイムアウトの場所（屋外）

タイムアウトの時間と手続き

　時間は、少なくとも30秒から年齢に分数をかけた時間を目安にしてください（例：6歳の場合、3～6分間）。家庭におけるタイムアウトより短めの時間となります。その理由は、公共の場は家庭より刺激が多かったり魅力的であるため、タイムアウトにおかれる場所と落差が大きく比較的短時間でも十分効果を発揮するためです（タイムアウトは強化となっている場所から離すことが基本でしたね）。

　子どもが約束したことを守らない場合、子どもに静かに警告をします（前セッション参照）。3回の警告に従わない場合、速やかにタイムアウトに入ります。決められた時間をその場所で過ごし、その後30秒間静かにしていればタイムアウトは終了となります。ただし元の状況にうまく戻ることができない場合は、再度実施します。タイムアウトは、両親間の協力があると効果が確実です。お父（母）さんが買い物を続ける間、もう一方は子どものタイムアウトの手続きを淡々と実施してください。お母さんだけの同伴で繰り返し問題が生じるなら、自動車に戻って外出を切り上げ次回のチャンスを待ちましょう。

　実施にあたっては、断固とした姿勢であたってください。子どもは、人前を気にし譲ってしまう親をよく観察しており知っています。予め伝えていたにもかかわらず、明らかにルールに違反したり約束を破ったときは、警告どおりにすぐにタイムアウトの手続きに入り

ます。

ワンポイント

　タイムアウトの成功には、小さな配慮が大事です。例として、スーパーで買い物をする際、買い物の手順に工夫が必要です。生鮮食品（鮮魚・精肉等）や冷凍食品は、レジに向かう直前にかごに入れてください。時間がたっても悪くならない品物なら、カートをそのままにしてすぐにタイムアウトに移れます。トラブルがあっても大丈夫なように、割れやすい卵やビン類は最後に買います。

レスポンスコスト

　ポイントシステムやトークンシステムを開始している場合、点数を差し引いたり、シールを渡さないことで、レスポンスコストを実施することができます。ポイントをマイナスにする場合、ルール違反の回数や程度に応じてポイント数を変えてもよいでしょう。そのときの子どもの行動を正確に記録するために、小さな専用ノートを準備してください。

7．おわりに

　前もって子どもと話し合っておくことは、子どもの意見を聞き、責任を持って選択させ、成功感を味わわせるためにとても効果がある方法です。十分に事前の準備をしておけば、タイムアウトまでいかないことがほとんどです。

　AD/HDをもつ子どもさんの場合、子どもがさまざまな問題を起こしそうだという理由で外出を控えることがあるかもしれません。しかし、そのままではいろいろな社会体験を得たりエネルギー発散のよい機会まで奪ってしまうことになりかねないでしょう。このセッションで学んだ方法を応用し、外出が親子にとって楽しい時間を共有できるご褒美になれば大成功です。

第9章 食事と宿題がスムーズに やれるようになったA君の例

　A君は初診時7歳4カ月のAD/HDの男の子です。IQは105で知的な発達に問題はありませんでした。家族は両親と妹、A君の四人家族です。満期産で、大きな病気もせず、頸の座りや歩行などは人よりも早く、1歳の頃からよく動き回り、2歳の頃にはおしゃべりが上手で話し出すといつまでも話し続けていました。食事や着替えの途中も虫や猫、テレビなどいろいろなものに気が散り、時間がかかっていましたがお母さんはA君のペースに合わせてせかすことなく、ゆっくり待ってあげていました。

　2歳から保育園に入りましたが、保育園では席を離れる、教室を飛び出す、おしゃべりを始めたら止まらない、出し抜けに話しかける、遊びに割り込むなどの行動がみられました。お母さんは保育士さんから「多動傾向」があることを指摘され、仕事を辞めようかと思いましたが、保育士さんがA君に個別に対応してくれたため保育園の間は仕事を続け、小学校に入学する直前に仕事を辞めました。A君は人なつこくてみんなにかわいがられ、お友達もたくさんいました。

　また、自宅で家族だけで食事をするときはきちんと席に着いていることができました。しかし、お母さんのお友達など家族以外の人が来たりレストランに行ったりすると興奮して店の中を走り回ったり話し続けたりするため両親はA君と外出するのを億劫に感じていました。

　地元の小学校の普通学級に入学しました。ところが、入学式で興奮して体育館を走り回り、しゃべり続けたためお母さんが一緒に登校し、一日中A君に付き添うことになりました。A君は授業中でも窓の外に虫や猫など好きなものを見つけると教室を飛び出す、授業中、席を離れて授業をしている先生のところに話しかけに行く、指名されていないのに発表をし、話し出したら止まらないなどの行動

がありました。それまで家の中でのＡ君しか見たことがないお母さんはびっくりしてしまいました。お母さんはＡ君の隣や後ろの席に座り、Ａ君が席を離れたり教室を飛び出そうとすると体を押さえてそれを止めようとしました。Ａ君の離席や飛び出しは減りましたが、表情は険しくなり、友達への攻撃的な言葉や暴力が増えました。担任の先生から相談を受けたスクールカウンセラーの先生からの紹介で当所を受診しました。

　Ａ君は初対面の治療者にも人なつこく話しかけ、おしゃべりは止まりませんでした。診察室を出ていくことはありませんでしたが、椅子から立って部屋の中をうろうろしたり椅子の上でもじもじしたり多動が目立ちました。本人へのプレイセラピーのほか、初診後6カ月よりメチルフェニデートという薬物を使い、授業中の離席や飛び出し、出し抜けに話し出すことは減りましたが、注意は長く続かず、お母さんの困ったことはなくなりませんでした。

セッション１

　「総論」講義のあと、ホームワークとして「子どもに獲得させたい行動」と「直したい行動」を5つずつ書いてきてもらうことにしました。

セッション２

　セッション1のホームワークに母親は次のように書いてきました。
　獲得させたいこと
1．授業中席についてほしい
2．時間を守ってほしい（登校、スイミング、就寝）
3．宿題をやり遂げる
4．自分の部屋の片付け
5．一人でお使い
　困っていること
1．ちょっとしたことで怒って手を出し、けんかになりやすい
2．安全確認をせずに道路を横切る
3．食事がだらだらと進まない
4．公共の場で騒ぎすぎる
5．人の話をきいていないように感じるときがある

話し合いの中で
- A君は晩ご飯はお腹がすいているためかスムーズに食べるのですが、朝食は気が散り、おしゃべりも多く食べるのに時間がかかること、そのために朝の準備が進まずにお母さんとけんかになっていること
- 宿題をなかなか始められず、始めてもおもちゃや虫、テレビなどに気を取られて最後まで完成できないこと、特に漢字の練習が苦手なこと。勉強は嫌いではなく、集中すればよくできること

が、わかりました。

　以上のことから学習室で取り上げる目標行動は、1．朝の食事をスムーズに済ませる、2．宿題をやり始めたら最後まで完成させる、に決めました。
　このセッションのホームワークは強化子探しで、子どもの好きなもの、喜ぶものを書いてきてもらうことでした。

セッション3

　ホームワークから食べ物や飲み物は強化子とならないことがわかり、次のものが強化子として提案されました。
1．自転車：サイズも合わなくなり、本人が欲しがっているから
2．練り消しゴム、スライム（どろどろした粘土状のおもちゃ）、キャラクターカード

偶然、誕生日も近かったことから、自転車を買ってあげることにしました。

　セッション4以降は、目標行動ごとに記載をします。

朝食編

セッション4

　次に、行動観察をしてもらいました。
- 朝食について：20分以内に朝食を残さずに食べることを目標にしました。
　その結果……時計を使って20分計ると、20分以内で終わることが

できませんでしたが、最終日にストップウォッチを使って時間を計ると時間を気にして時間内で終了することができました。

セッション5

　A君は、一週間のうちに5日は20分以内で食べることができていました。お母さんの観察から、次のことがわかりました。
・食事中、ぼーっとすることはあっても、ストップウォッチで時間を計っていると、それを気にして早く食べようとすること。ストップウォッチで計ることも、A君にとっては楽しみなようで、食事中に何度かストップウォッチを見て、"今日は新記録だ！"と喜ぶこともありました。
・メニューが洋食の日は、残さず、時間内に食べることができるが、和食の日は、時間がかかり、間に合わないからといって途中であきらめてしまうこと。
・テーブルの椅子が高く、食事中、足がぶらぶらしていること。
　お母さんは、A君の多動が少しでも治るようにといろいろな本を読んで食事の研究もし、落ち着くようにと、栄養のバランスを考えた和食中心のメニューにしていたのですが、大人であっても箸でつかみにくそうなメニューも多く、和食はA君には食べにくく、時間がかかり、スプーンやフォークで食べる洋食の方が食べやすく、早く食べることができました。

セッション6

　お母さんは、A君が落ち着いて食事ができるようにするために、ぶらぶらしている足をどうすればいいか検討しました。
　まずは足置きを椅子の下に置くことを試したのですが、A君は足置きをゆらゆらと動かして遊んだり、蹴飛ばしたりして、逆に落ち着かなくなってしまいました。そこで、椅子の上に正座することを勧めてみると足置きを置くよりも落ち着いて朝食を食べることができました。
　そこで、食事の時には椅子の上に正座するように決めました。
　やはり、洋食の時は早く食べ、和食の時には食べにくく、時間がかかることは変わりませんでしたが、体にいいものを食べさせたいというお母さんの希望は強く、メニューについての変更は特に行い

ませんでした。

セッション7

A君は自分でも正座の方が落ち着くといい、そうやって食べるようになりました。和食の日はやはり時間がかかっていましたが、洋食の日は必ず20分以内で食べることができるようになっていました。お母さんは、毎日、食事を取る時間は決まっていたため、スケジュールを書いた紙をリマインダーカードとしてA君の前に置くようにしました。また、お母さんは、A君がもぞもぞしているときは計画的に無視をし、正座をして食事をしているときは意識的に注目して褒めるようにしました。

セッション8から10

A君は、洋食、和食にかかわらず、20分以内で食事を食べられるようになりました。お母さんも、栄養のバランスも大事だけれど、A君が食べやすいことも考えたメニューを作るようになっていました。セッション8と9の間にポイントがたまり、A君は自転車を買ってもらうことができました。その後、すぐにお母さんとA君は話し合い、ゲーム機の電池、キャラクターカードなど新しいバックアップ強化子を決めました。

その後もA君のおしゃべりは相変わらずでしたが、お母さんは、「食事が楽しいことも大事なことだから」とA君のおしゃべりの相手をしながら楽しく食事をできるようになりました。お母さんは、おしゃべりの多い、気の散りやすいA君にいつもイライラして早く早くとせかしてばかりいたけれど、この学習室に参加して、A君がわかりやすい指示を出す方法や決められた時間まではA君を待ってあげること、また、A君がものごとに集中しやすい環境（食卓での座り方やメニューなど）を作ってあげる必要があることを学んでよかった、と話しました。

まとめ

AD/HDの男の子の食事についての取り組みについて説明しました。

空腹でよく食べる夕食と違い、朝食は食欲も今ひとつで気が散り

やすく、おしゃべりをしたり、席を立って他のことをしたりして時間がかかり、全部食べることができませんでした。そこで、
1．トークンシステムを導入することで食べることへの意欲を出す。
2．ストップウォッチをつかうことでゲームのような感覚で時間にも気を配りながら食べるようになる。
3．足をぶらぶらしていたことが多動の原因にもなっていたため、椅子の上に正座するという方法を見つけ、実行する。
4．母も、栄養バランスのみでなく、A君の食べやすさを考慮したメニューを導入する。
という方法をとることで、A君はおしゃべりはしながらも集中して朝食を食べることができるようになり、朝の親子げんかはなくなりました。

宿題編

セッション4
宿題：宿題をやり遂げる。その間席を離れたり他のもので遊んだりしない。宿題は、漢字の書取1ページと計算ドリル、国語の教科書の音読でした。友人が遊びに来るとやはり宿題をすることができず、強化子をもらうことができませんでしたが、それ以外の日は、帰宅後すぐに宿題に取りかかり、強化子をもらうことができました。

セッション5
　A君は、一週間で5日は宿題を終わらせることができていました。できなかった2日間のお母さんの観察から次のようなことがわかりました。
・できなかった2日はどちらも宿題を始める前、宿題が終わる前に友達が遊びに来てしまったこと
・計算、音読は、一度中断してもスムーズに再開できるが、漢字は一度中断するとなかなかしたがらず、結局、夜遅くになって、お母さんに何度も言われて渋々やるが、集中できず、席を離れたり、他のもので遊んだりしてしまう。
　実は、お母さんは、A君がふざけて友達をたたいたり、すぐにカッとなって友達とけんかになったりするため、A君の友達との関係

にはとても気を遣っていました。遊んでくれる友達がいなくなったらどうしようといつも心配していました。そのため、友達が来たときに友達を待たせて宿題をさせていいものかどうか悩んでいました。A君も友人を待たせた方がいいのか、後でした方がいいのかわからず、結局、宿題ができていませんでした。しかし、観察から、一度遊んでしまうと宿題はやりたがらず、特に、漢字の宿題が残っていると、より始めたがらないことがわかったので、お母さんは、友達が来ても来なくても漢字の宿題は帰ってすぐに取り組むことを課題に付け加えることを決めました。

セッション6

　お母さんは、A君と漢字の宿題をどうするかについて話し合いました。A君の提案で、スペシャルポイントを導入することにしました。これまでは離席をせず途中で他のもので遊んだりしないで宿題をしたら2ポイントという取り決めでしたが、遊ぶ前に漢字の宿題を終わらせたら1ポイント、寝る時間の前に他の宿題をしたらもう1ポイント、もし、遊ぶ前に全ての宿題を終わらせることができたら1ポイントプラスして合計3ポイントもらえるという取り決めに変更しました。

　A君は、お友達が宿題が終わる前に来た日には遊んだ後で宿題を終わらせて2ポイント、それ以外の日は遊ぶ前に宿題を終わらせ、3ポイントもらうことができ、強化子のキャラクターカードをもらうことができました。

　また、お母さんは講義で聞いた環境の整備にも目をむけ、宿題をする机の前を片付けたりキャラクターの絵が入っていたデスクマットの中に時間割だけを入れるようにしました。

セッション8から10

　A君は、自分から進んで宿題を遊ぶ前に終わらせることを決め、友達が遊びに来ても宿題が終わるまで待っていてもらうようにし、宿題を終わらせるまで遊ばないようになりました。A君は、待ってもらう間友達が退屈しないようにゲームや他のおもちゃを友達に貸すなどの工夫も行い、宿題をすることで友達との関係が悪くなることはありませんでした。友達との関係について心配をしていたお母

さんもほっとされたようです。

まとめ

　AD/HDの男の子の宿題への取り組みについて説明しました。知的能力は十分あり、宿題をすること自体には問題はないけれど、当初は、集中できず、他のもので遊んでしまい宿題をやり遂げることができませんでした。トークンシステムを導入した後もお友達が遊びに来て宿題をすることができずに後回しになり、結局、夜は親子げんかに発展することもありましたが、

1．苦手な漢字は遊ぶ前にするという課題にする。
2．A君の提案でスペシャルポイント（遊ぶ前に宿題を全部終わらせることができたら1ポイント多くもらえる）を設定し、友人が来たときにはA君が遊ぶ前に宿題をするか、遊んでから宿題をするかを自分で決める。
3．気が散るようなものが多く置いてあった机周りを片付けて集中しやすい環境にする。

という方法をとり、A君は、自ら宿題を進んでするようになりました。早く済ませた方が楽だと感じたのか、その後は、どんなことがあっても帰宅したらすぐに宿題を済ませるようになり、夜はお母さんと本を読んだりゲームをしたりと楽しく過ごせるようになりました。お母さんも"平和で楽しい夜"と喜ばれています。

第10章 歯磨きと服のカゴ入れができるようになったB君の例

1. 対象児

　B君は小学校2年生の男の子。1年生のときは、忘れ物の多いことや取りかかりの遅さが目立つ程度だったのですが、2年生になってからは授業中でも落ち着きがなくなり、家では兄や妹とのけんかが増えて、ご両親は対応に困って来所されました。知能検査の結果、IQは102でした。
　家族は会社員の父親と専業主婦の母親、小学校5年生の兄と幼稚園生（年長組）の妹、B君の5人です。

生育歴
　B君は2,800gで出生しました。標準体重より少し下回ったものの、その後の発達はいたって順調でした。お母さんの少し気になることは、兄や妹と比べてけがが多いということでした。その他にも、朝早く起きて夜も遅く寝ることや昼寝をしないなどの特徴はありましたが、元気がよすぎるなと思うくらいで、特に育てにくいと思ったことはありませんでした。
　4歳から2年間幼稚園に通いました。通園中は運動会やお遊戯会にも参加し、書道も始めました。このころから、何かに夢中になるとそれ以外のことに注意を向けることが難しくなりました。デパートで迷子になったことが一度ありました。
　小学校入学後は、忘れ物の多さやものごとへの取りかかりの遅さを担任の先生に注意されました。でも、授業中にウロウロ歩き回ったりすることはありませんでした。2年生になってからは、先生が話しているときに大声を出したり変な表情をしてふざけたりするようになりました。家でも兄や妹に度々ちょっかいを出すようになって、つかみ合いのけんかも増えました。ご両親は、今後B君の問題

行動が激しくなっていくのではないかと心配し、児童相談所に相談されたところ、当所を紹介されたとのことでした。

2．訓練経過

セッション1～3
目標行動の選択 この学習室に参加するにあたりお母さんは、B君に獲得させたい行動として、①食事の後に歯磨きをする、②忘れ物をしない、③宿題をする、④引出しを閉める、の4つをあげました。また、なおしたいこと（困っていること）として、①来客のときに騒ぐこと、②思いどおりにならないときに家から飛び出していってしまうこと、③親やきょうだいを叩くこと、④脱いだ服を片付けないこと、をあげました。

お母さんの話では、甘いものを好んで食べるのに歯磨きをせず、虫歯が増えてきたとのことでした。そこで目標行動の一つは、1)「食事の後、歯磨きをする（登校前と寝る前）」にしました。もう一つの目標行動は、取り組みやすそうだということで、2)「脱いだ服はカゴに入れる」になりました。

強化子探し B君は、チョコレートやチョコレート菓子、炭酸飲料が好きなのですが、虫歯が目立ってきてからは、お母さんは与えるのを控えていました。好きな遊びは、テレビゲームとお父さんとのキャッチボールやドッジボールで、いつも仕事で忙しいお父さんが時々相手になってくれるのをとても楽しみにしていました。品物では、1,000円程度の自動車の玩具と、野球のバットを欲しがっているとのことでした。

セッション4
前回の講義で行動の観察と記録の仕方を学んだお母さんは、ホームワークになっていた行動分析をしていました。

1)「食事の後、歯磨きをする（登校前と寝る前）」について
・母親の気配がしたり兄と一緒に並んでするときにはできているが、誰も見ていないとしないで済ませたり、「歯ブラシが濡れてないよ」と指摘しても「したよ」と答えてごまかそうとする。
　⇒スタッフは、歯磨きに対するB君の意識を高めるために、

・歯磨きすることをはっきりと約束させること
・約束を守れたときと守れなかったときの違いを、守れたときは○、守れなかったときは×を表につけてわかりやすくすること

を、提案しました。

　2）「脱いだ服はカゴに入れる」について
・脱いだ服は脱衣カゴに入れさせるようにしており、ポロシャツとズボンはカゴの中に入れているが、靴下や下着は家中の色々な所に散らかしたままにしている。
　⇒脱いだ服の一部はちゃんとカゴに入れることができているので、
・服を脱ぐ場所を明確に決めてみること

を、提案しました。また、評価の対象は、登校前と下校後の着替えに決めました。

セッション5

　前回のセッションの後、お母さんは、目標行動にきょうだい全員で取り組ませることを思いつきました。自分一人ではなく、兄や妹もがんばるとなれば、B君も目標に取り組みやすくなると考えたのです。

　1）「食事の後、歯磨きをする（登校前と寝る前）」について
　お母さんは、きょうだい全員がチェックできる表を作りました。また、きょうだいで話し合わせて「一週間守ることができたら100円のチョコレートがけアイスクリームを食べる」というご褒美（強化子）も決めました。結果は全て○でした。「アイスクリーム食べられるかな？」と声かけすると、B君は慌てて磨きに行くようになったとのことでした。

　2）「脱いだ服はカゴに入れる（登校前と下校後）」について
　着替える場所を脱衣カゴの置いてある洗面所に決めました。こちらの方もきょうだい全員の表を作って、◎：声かけなしでできたとき、○：声かけがあってできたとき、×：声かけしても守れなかったとき、でチェックすることにしました。きょうだいで話し合わせたところ、ご褒美は「約束が守れたら（◎のときはもちろん、○のときも）5円もらう」ことになりました。貯めたお金で自分の欲しいものを買うことになり、B君は野球のバットに決めたそうです。この週は、靴下の片方がカゴの外に落ちていて○になることはあっ

たのですが、B君の片付けに対する意識はかなり高まったとのことでした。◎が5個、○が8個、×が1個で、この週は5円×13＝65円を手に入れていました。

セッション6
　1）「食事の後、歯磨きをする（登校前と寝る前）」について
　全て○で、「今日、ご褒美を皆で食べる予定になっているんですよ」とお母さんは楽しそうに話していました。先週もきょうだい全員で食べたとのことでした。また、お母さんは自分自身のことを振り返って、B君が歯磨きをしたときの褒め言葉が少なくなったこと、磨いたことに対しても「ちゃんと磨いた？」と聞いてしまったことが2回あったこと、表にチェックしてなかったときに「本当に磨いたの？」と疑ってしまったことなどを反省していました。
　⇒スタッフは、「褒め言葉が減ったようです」というお母さんの気付きを評価し、改めて意識的に褒めるようにすることを提案しました。
　＊強化子（ご褒美）に加えて、お母さんの褒め言葉は子どもを支えます。褒めてもらった経験は自分自身に対する自信となり、くじけそうになる自分を「自分にはできる」「がんばらなくっちゃ」と奮い立たせます。もともと子どもの中にある「がんばらなくっちゃ」の気持ちを上手に引き出すことも、このプログラムのねらいの一つです。

　2）「脱いだ服はカゴに入れる（登校前と下校後）」について
　◎が7個、○が6個、×が1個で、5円×13＝65円を手に入れていました。1回だけあった×は、妹さんが脱ぎっぱなしのズボンを片付けてしまっていたときのものでした。このときB君は「5円が減った！」と怒ったそうです。お母さんは「こういう場合は『ありがとう』のはずだよ」と注意しましたが、この日は何度声かけしても制服は片付けなかったので×になってしまったとのことでした。でも、このことを次の日まで引きずることはなかったようです。
　また、脱いだ服をカゴに入れるという行動がかなり定着してきたので、お母さんは「◎だったら5円、○だったら3円」にするよう提案したところ、子どもたちも了承したので約束を変更したとのこ

とでした。

　このセッションでは、目標行動の達成度をお母さんに評価してもらうことになっています。プログラム開始前を0点とすると、1)「食事の後、歯磨きをする（登校前と寝る前）」については70点、2)「脱いだ服はカゴに入れる（登校前と下校後）」については60点と評価されました。1)については少々評価が厳しい印象ですが、自分から歯磨きを始めないことがあるから100点ではないとのことでした。

セッション7

　1)「食事の後、歯磨きをする（登校前と寝る前）」について

　全部◎でした。お母さんは、「チェック表に写真を貼ったんですよ」ときょうだい全員が笑顔で歯磨きしている写真を貼ったチェック表（トークン表）を持ってきて見せてくれました。⇒スタッフは、楽しい雰囲気の中で目標行動が行えるようにしたお母さんの工夫を評価しました。

　2)「脱いだ服はカゴに入れる（登校前と下校後）」について

　3回だけ片付け忘れがあって○がありましたが、それ以外は全部◎でした。この週は、5円×11＋3円×3＝64円を手に入れていました。

セッション8

　1)「食事の後、歯磨きをする（登校前と寝る前）」について

　声かけは必要だが、以前に比べてごまかしたり嘘をついたりしなくなったので、疑ったり確認したりする必要がなくなったとのことでした。また、学校で、歯の磨き残しを染色液でチェックする機会があり、「僕より赤い人がいたよ」とお母さんに報告していました。セッション7に引き続き、全部◎を続行中でした。

　2)「脱いだ服はカゴに入れる（登校前と下校後）」について

　ほとんど声かけなしでできるようになったことを、お母さんが「すごいね」と褒めたところ、「大分慣れてきたよ」と答えたとのことでした。このようにうれしいこともあったのですが、この週にB

君は、服を脱いでカゴに入れる際、カゴがいつもの位置になかったということでとても不機嫌になって家族に当り散らすことがあったそうです。この週は5円×12＋3円×1＝63円を手に入れていました。

　実はこの週、お母さんはセッション7の講義で習ったレスポンスコストを一度だけ試していました。B君が家族に当たり散らしたときに、2）の表の○の上から白いシールを1つ貼ってみると、B君はそれ以上、家族に当り散らすことはなかったそうです。ゲーム好きのB君は、「ペナルティ」としてレスポンスコストを受け入れることができたようだとお母さんは話されました。これは、レスポンスコストの正式なやり方ではありませんでしたが、B君の取り組みにはレスポンスコストも利用できそうですねとお母さんとスタッフで話しました。

セッション9
　1）「食事の後、歯磨きをする（登校前と寝る前）」について
　全部○であり、一週間に一度きょうだいそろってアイスクリームを食べることが3人の楽しみになっているとのことでした。

　2）「脱いだ服はカゴに入れる（登校前と下校後）」について
　声かけなしの◎が10回、○が4回で、5円×10＋3円×4＝62円を手に入れていました。

セッション10
　お母さんは、1）と2）が大変順調で定着してきたので、レスポンスコストを積極的に取り入れることにしました。新たに、3）きょうだいを叩かない、を目標に加えて、守れなかったときには、1）「食事の後、歯磨きをする（登校前と寝る前）」の表の○の上から白いシールを貼ることにしました（白いシールは×と同じ意味にしたそうです）。

　これまでは全部○でないとアイスクリームが食べられませんでしたが、レスポンスコストの導入に伴い、改めて話し合って、全部（14個）○のときは100円のチョコレートがけのアイスクリーム、○が13個のときは80円のアイスクリーム、○が12個のときは50円のア

イスクリーム、○が11個のときは30円のアイスクリーム、と決めたとのことでした。ちなみにこの週、B君は50円のアイスクリームを食べていました。

2)「脱いだ服はカゴに入れる(登校前と下校後)」について

兄と競争して着替えるようになったこともあり、「洗面所で服を脱ぎ、脱いだ服はカゴに入れること」がほぼ定着してきていました。声かけなしの◎が11回、○が3回で、5円×11＋3円×3＝64円を手に入れていました。

セッション10

プログラム最終回のこのセッションでは、目標行動の達成度を評価してもらいます。1)「食事の後、歯磨きをする(登校前と寝る前)」については、6セッション目では70点だったのが95点に上がりました。14個の○のうち4回分は声かけなしでできており、習慣化が進んでいると思われました。お母さんは、次は磨く時間を目標に入れようと目算中で、砂時計を探しているとの報告でした。2)「脱いだ服はカゴに入れる(登校前と下校後)」については、6セッション目で60点だったのが95点になっていました。褒めることがB君を伸ばすことに気づかれてからは特に、お母さんは褒め上手になられたようでした。

3．まとめ

AD/HD児の「食事後の歯磨き」と「服の片付け」に対する取り組みを紹介しました。
1. 約束やトークンシステムを取り入れることでその行動に対する本人の意識を高め、
2. きょうだい全員で目標に取り組ませたこと

が、飽きっぽい本人をここまで支えました。また、お母さんの工夫で、
3. 楽しい雰囲気の中で取り組むことができて、
4. 本人にとって身近なゲーム感覚でルール(約束)が理解できたこと

も成功につながりました。

第11章 家庭での行動から、学校での行動に改善がみられたC君の例

1．対象児

　　　　C君は、8歳の男の子で小学校3年生です。会社員の父（38歳）とパート勤めをしている母（31歳）、保育園に通う妹（5歳）の4人家族です。

　　　C君は学校でトラブル続きです。急に怒り出したかと思うと隣の子を叩き出し、他の子どもが止めにはいるといっそう興奮し手がつけられません。また、けんかのときはほうきを振り回し、大暴れします。後で先生がそのときの状況を尋ねても全く忘れてしまっているようです。授業中は、先生が黒板に問題を書くと、当てられてもいないのに答えを口に出してしまいます。

生育歴

　　　C君は、正常分娩で3,290gで出生しました。乳幼児期は問題がなくすくすくと育ちました。ただ、寝つきが悪く睡眠中もよく体を動かしていたそうです。愛想がよく人見知りのない子どもだとお母さんは感じていたということでした。お父さんは仕事の関係で転勤が多く、生後6カ月時、4歳6カ月時、7歳と家族で転居しています。声が大きく活動的な子どもで、小学校に入学するまで保育園では特に問題は見られませんでした。

現在の問題

　　　小学校1年生の頃から、授業を抜け出し校庭に野いちごを食べにいったりと落ち着きのなさが目立ってきました。小学校2年生で現在の学校に転校し、友達とのトラブルが頻繁に生じるようになりました。けんかを担任が注意するとその指示には従いやめますが、すぐに別の生徒とけんかを始めてしまいます。けんかの際、椅子を持

ち上げて威嚇するため危ないと注意すると椅子を下ろします。しかし、椅子を押して相手にぶつけるなどの行動がありました。C君は算数が得意で国語が苦手です。全体に学校の成績はよいということでした。

　家庭でも妹とオモチャの取り合いになり、妹を叩いて泣かしてしまったり、注意されても数分で忘れてしまっているように見えます。お母さんは、新聞でAD/HDの特集を読み、自分の子どもにぴったり当てはまることに驚きました。そこで記事で紹介されている当所の「AD/HDをもつ子どものお母さんの学習室」に参加することを決心しました。

2．訓練経過

プレアセスメント

　プレアセスメントで、WISC-R知能検査を実施したときのことです。C君は検査室にモデルガンをこっそり持ち込んでおり、横を向いている検査者にいきなり引き金を引いてバーンと爆発音を立てました。検査中も、問題がわからないときに検査者の手や机を大きな音を立てて叩いたり、ストップウォッチを「早く押せ！」と大声を上げたり、答えを聞き直すと「今、言ったじゃねーか！」と暴言がありました。検査は、離席によりたびたび中断しましたが、全検査IQ＝108、言語性IQ＝111、動作性IQ＝104の正常知能の結果が得られました。

セッション1〜2

　セッション1で渡されたホームワークには、お母さんの願いが10個の行動として書かれており、学校場面での行動もいくつかあげられていました。まず、家庭で実践できる対応の工夫から始め、家で身につけてほしい行動と困っている問題から解決することを提案しました。それが成功してから担任の先生の協力も得て、学校の目標に応用していくようにしましょうとお母さんと話し合いました。

　C君は、漢字の宿題がなかなかできません。宿題に手がつかず、ノート1ページの書き取りに3時間かかったことがあります。たとえ仕上げても宿題を持っていくのを忘れてしまいます。結果として

注意や叱責が多くなり、C君ばかりかお母さん自身もいらだっていました。

　また、C君は妹とトランプで遊ぶとき順番が待てなかったり、お菓子を分け合うことができません。妹のものを勝手に使い、返そうとしません。その結果、けんかになって妹を叩いたり蹴っていることがわかりました。お母さんは妹と上手につきあうことができれば、友人ともうまくやっていけるきっかけになるし、自分としても子育ての自信につながると話されました。

　そこで、このプログラムで取り上げる目標行動は、1）「学校の宿題、準備をする」、2）「妹と仲良くする（叩かない、蹴らない）」に決定しました。

セッション3

　目標行動の「宿題、翌日の学校の準備をする」は宿題・時間割・服の用意という3つの行動から成り立っていることをお母さんと確認しました。ホームワークから、C君は新しいゲームソフトを手に入れたがっていること、おまけ付きのお菓子が欲しくてたまらないことがわかりました。お母さんは同じソフトばかりで遊んでいるのでそろそろ買ってあげてもいいかなと考えているとのことでした。また、C君はコーラが大好物ですが、糖分の取り過ぎが心配だということでした。そこで、目標行動の強化子は、①ゲームソフト、②おまけ付きお菓子に決定しました。お母さんには、ビデオカメラを渡し目標行動1）と2）について家庭での様子を撮ってきていただくことになりました。

セッション4

　セッション3で学んだ「行動の観察と記録」の方法で、記録をしていただきました。1）「学校の宿題、準備をする」は、それが済んだら友達の家に遊びに行っていいと伝えたところ、宿題・時間割・服の用意を短時間で済ませてしまったとのことでした。しかし、漢字の宿題だと3ページを2時間半かかってようやく完成させるペースです。

　妹との接し方については、常にけんかになっているわけではなく、ボールゲームは仲良く遊べていることにお母さんは気付き報告され

ました。

　そこで、子どもがよい行動をしているとき、できているときを見逃さないという視点でシール表を使って、行動を強化しようと計画しました。具体的には5枚のシールでバックアップ強化子と交換できる短期で達成可能な目標にし、シール表はわかりやすいように子どもと一緒に作成しルールを十分理解させるようにしよう、と決めました。

　なお、担任の先生も学校で協力したいので、ぜひやり方を教えてほしいと話されているとのことでした。

セッション5

　目標行動1）については、「夜9時までに宿題を済ませる」と具体的に時間を設定しました。トークン表は、すごろく形式がわかりやすいと子どもと話し合ったそうです。夜の9時までに宿題が完成していたらシールを貼り、5枚たまると1枚の1,000円金券を獲得すると決めました。本人は大喜びし、もうすでにシールは4枚たまって大張り切りだということでした。いついくらのゲームソフトを買いに行くかは本人が欲しいソフトがその時々で変化するため、C君に決めてもらうことになりました。

　妹もトークンシステムをやりたがっており、新しい靴をバックアップ強化子にして開始したとお母さんは話されました。妹の目標行動は「C兄ちゃんとけんかせず遊ぶこと」にしました。C君は元々妹への関心が強く、世話を焼きすぎてけんかになっているところがあります。C君に妹との目標行動について話したところ、「ぜひ妹に靴を買ってやりたい」ととても乗り気だったということです。

セッション6

　宿題、時間割と服の準備は確実にできるようになったということでした。行動の目標達成度をお母さんに評価してもらったところ、0→90点と上昇しました。宿題は9時までに何とか仕上げるのですが、時間がかかっておりお母さんが何度もうながす必要があったとのことです。また、目標行動が3つの独立した行動（宿題、時間割、服の準備）からなっているため、細かく行動を分けてそれぞれ評価することをお母さんと話し合って決定しました。そこで、漢字の宿

題（前半と後半に分けて）を2ポイント、日記、音読、時間割、服の準備をそれぞれ1ポイント、合計6ポイントとしました。30ポイントで1ゲット（1,000円の金券）です。

　妹を叩く、蹴るはまったくなくなってしまったということです（0→100点）。一度車内でけんかになりそうでしたが、後部座席で二人一緒にいることが原因とわかり、妹の席を助手席にすることでそれ以降のトラブルはなかったとのことでした。「妹が新しい靴を手に入れると妹以上に喜んでいました。こんなにうまくいくとは思いませんでした」とお母さんは述べられています。

　なお、担任よりトークンシステムをぜひ学校でもやってみたいのでやり方を教えてほしいと連絡があったということです。お母さんも希望を伝え、「友達と仲良くする」「手を挙げて当てられてから、発表する」という目標に決定しました。その行動について担任からチェックシートを渡してもらい、教師の〇が2個の日はレギュラーサイズのダイエットコーラを帰宅後に渡すことになりました。

セッション7

　目標行動1）については、5日中4日満点の6ポイントを得たということでした。成功の理由について尋ねると、「コンピュータみたいなところがあります。具体的に細かく指示を出すとよく動いてくれますが、おおざっぱな指示ではわからないようです」とお母さんは話されました。スタッフは指示の工夫を賞賛し、継続していただくことになりました。

　妹とは本当に仲良く遊ぶようになったということで、2つめの目標行動は学校での行動「友達と仲良くする」「手を挙げて当てられてから、発表する」に変更したいと提案されました。すでにトークンシステムを開始しており、担任から「できた」〇、「だいたいできた」△、「できなかった」×で連絡をもらっているとのことでした。バックアップ強化子は、〇と△の組合せだとミニコーラ、〇が2個でレギュラーサイズのダイエットコーラという取り決めで2日間ミニコーラを手に入れていました。

セッション8

　約束の夜9時前までに宿題に手をつけていないとお母さん自身も

焦って言葉かけが多くなってしまうということで、宿題は5時までに始めるようにC君と話し合って取り決めをしたそうです。

お母さんの印象としては、C君が宿題している間様子を見に行って、取りかかっていることを頻繁に褒めると効果的だと話されました。

学校での目標行動は、○が2個で500mlサイズのダイエットコーラを奮発したそうです。学校でも強化子のことを忘れないように、筆箱にコーラの写真を貼りリマインダーとしての工夫をしたとのことでした。チェックシートとは別に、学校でどうだったか本人に尋ねるとC君の自己報告は正確でした。お母さんは子どもの正直さに感心し、とてもうれしかったと話されました。

セッション9・10

毎日、夕食（6時）前までに宿題が完成するようになりましたとお母さんは報告されました。家庭での目標行動について、前半・後半でのビデオを参加者全員で視聴し、本人とお母さんの変化を話していただきました。お母さんがおこなった創意工夫は、次のとおりです。

・シールは、一つひとつの行動が終わるたびにすぐに渡す。漢字の半分が終わると1枚、残りが終わると1枚、日記が終わると1枚などこまめにフィードバックし、同時にC君を褒める。
・5時までは友達と遊んでよい。5時から宿題の声かけを一度だけする。「今しようと思ったのに」とC君が立腹するため、その後は声かけしない。
・次にタイマーを使って、本人に宿題の終了予定時間を決めてもらう。目標行動が終了したら、預かっていたゲーム機をすぐに渡す。

C君が決める終了予定時間は自分でできそうな時間を決め、余裕を持って終わらせており、時間内でできたことを自分で喜んでいるとのことでした。宿題の目標行動の達成度は、参加前、セッション6、セッション10で、0→90→100点でした。

学校での目標行動「手を挙げて当てられてから、発表する」は、担任と本人との間でサインを決めたとのことです。スタッフとお母さんで話し合った結果を担任に提案しました。担任には次の工夫をしていただきました。

・クラス全体で話し合い、約束事として「手を挙げて当てられたら発言してよい」とクラス全員で統一した。
・当ててもらいたい場合は、C君に手を胸のところまであげてもらう。まだ当てられないときは先生が手のひらを小さくかざして「待って」と口形で言う、2人だけのサインを決めた。

　先生から、指名を待てるようになっていること、C君は物知りでおもしろい発想をするので、クラスの生徒からも一目置かれるようになったとの報告があったそうです。

　「友達と仲良くする」については、お父さんから教わったキャッチボールや釣りをとおして、友人と遊びに行くことが増えたそうです。友人とのけんかは明らかに減少しました。C君は、チェックシートで〇をもらったとき帰宅後すぐに報告し、コーラを受け取っていました。筆箱のコーラの写真があると忘れないと、お母さんに語ったそうです。お母さんが評価した学校での目標行動の達成度は、2行動とも0→50→90点でした。

　お母さんによると、「ルール」というのがC君がお気に入りのキャッチフレーズになっているとのことです。「車でのルールは？」C君：「シートベルトすること」、「妹とのルールは？」C君：「優しくすること」、と答えるとのこと。よい方法なのでぜひ継続するように提案しました。

修了式・皆勤賞授与

　お母さんは、すべてのセッションに参加され皆勤賞を受け取りました。修了式では次のような感想を述べられました。

　「以前の私は、宿題しないことで子どもを怒ってばかりでした。学習室に参加して宿題が時間内にできるようになり、起床、登校準備、夕食、就寝と生活リズムができてきました。きょうだいげんかのトークンシステムはとても役に立ちました。その後もきょうだいはお互いに優しくなっています。トークンシステムは本人ばかりか妹のためにもとても役に立ちました。私は、子どもを褒めるのが照れくさくて苦手でした。でも学校でもがんばってることで子どもを思いっきり褒めたら、子どもはとてもうれしそうです。私もうれしくなります。Cは学校のことをよく話し、悪かったテストまで自分から見せてくれます。父親と妹を含めて、会話が増えて家の中が本

当に明るくなりました」

資 料 編

資料1　本プログラムで使用したテキスト

第　　回

ADHDをもつ子どもの
お母さんの学習室

by. Ito.K.

期間　：　2002年4月　　日〜7月　　日

場所　：　肥前精神医療センター　外来棟　2階カンファレンス室

連絡先：　0952-52-3231　（内線412、413　心理室）

お名前

さあ、『学習室』がはじまりました！

　新しい考え方、初めての方法、耳慣れないことばなどで、とまどわれるお母さんもおられることでしょう。
　途中でスランプに見舞われる方も、きっといらっしゃるはずです。

でも、大丈夫です！！

　学習室が終わる頃には、

```
☆☆☆☆☆☆☆☆☆☆☆☆☆☆☆☆☆☆☆☆☆☆☆☆☆☆☆
☆                                        ☆
☆    ・  観察上手なお母さん               ☆
☆                                        ☆
☆    ・  ほめ上手なお母さん               ☆
☆                                        ☆
☆    ・  教え上手なお母さん               ☆
☆                                        ☆
☆    ・  工夫上手なお母さん               ☆
☆                                        ☆
☆    ・  待ち上手なお母さん               ☆
☆                                        ☆
☆☆☆☆☆☆☆☆☆☆☆☆☆☆☆☆☆☆☆☆☆☆☆☆☆☆☆
```

　　　　　　　　　　　　　　に、何歩ずつか近づいておられるはずです。

　無遅刻、無欠席の方には、
　皆勤賞として「いいもの　ふふふ…」をプレゼント致します♪
　お楽しみに〜　p^_^q

メ モ

セッション1　概論
（この学習室の基本的な考え方）

1．はじめに

子どもと大人では、落ち着きや注意の持続に大きな違いがある。
子どもは、次のようによく言われている。
「子どもは落ち着きのないのが普通だ」
「子どもがじっとしているのは、病気の時だけ」
「子どもは気が散りやすいものだ」
「今泣いた子どもが、もう笑っている」
「子どもは親が少し待つように頼んでも、待てないものだ」
しかし、ADHDの子どもは、
あまりにも落ち着きがない（多動）
あまりにも注意が足りない（注意欠陥）
あまりにも待つことが出来ず、状況に関係なく、あっという間に行動する（衝動性）

「落ち着きのなさ」を障害と考えるための条件
1) 落ち着きのなさの程度が異常であること
2) 落ち着きのなさによって不利益が生じていること
3) 落ち着きのなさが幼児期より持続していること
4) 落ち着きのなさがいろいろな場面で生じること

落ち着きのなさが見られる障害
1) ADHD（注意欠陥／多動性障害）
2) 自閉症（高率に多動を合併しやすい）
3) 知的障害（高率に多動を合併しやすい）

2．ADHD（注意欠陥／多動性障害）を知っていますか？

◆　ADHDの親・子のしばしば受ける誤解
＊やれば出来るのにわざとしない、わがままである、怠け者だ！
　　［親・教師などからの叱責の言葉］
＊親（母親）のしつけができていない、親がよく言ってきかせればよいのに…
　　［近所の大人、教師、祖父母、「父親」などからの非難］
☞「親のしつけの誤りではない」！「ADHDという障害によるものである」！
◆　ADHD（注意欠陥／多動性障害）という障害とはこんなものです。（資料1，2）
　　例えてみると…ブレーキのない車、ブレーキの弱い車
　　　　（脳のブレーキの働きが不器用である）

【参考図書】
(1) 黒柳徹子「窓際のトットちゃん」(講談社文庫 1981)
(2) 司馬理英子「のび太・ジャイアン症候群」(主婦の友社 1997)
(3) 司馬理英子「のび太・ジャイアン症候群2 ADHD これで子どもが変わる」(主婦の友社 1999)
(4) 石崎朝世「落ち着きのない子どもたち 多動症候群への理解と対応」(すずき出版)
(5) メアリー・ファウラー，沢木昇訳「手のつけられない子、それはADHDのせいだった」(扶桑社 1999)
(6) P. O. クイン／J. M. スターン，田中康雄／高山恵子訳「ブレーキをかけよう1 ADHDとうまくつきあうために」(山洋社 1999)
(7) エドワード・M・ハロウェル／ジョン・J・レイティー，司馬理英子訳「へんてこな贈り物 誤解されやすいあなたに 注意欠陥／多動性障害とのつきあい方」(インターメディカル 1998)

3．お母さんが家で困っていることは何でしょうか？

①「親」の話を聞いてほしい。(お話をよく聞くことが出来る子どもは全身を耳にします)
②夜一人で寝る準備を出来るようになってほしい。
③家での食事の時に、席を立たずに静かに出来るようになってほしい。
　家での食事戦争を終わらせたい！
④兄弟(お友達)と仲良く(ケンカにならずに)遊べるようになってほしい。
⑤宿題(本読み、漢字、算数など)をやってほしい。家での宿題戦争をどうにかしたい。
⑥時間内に(登校、外出、入浴など)の用意が出来るようになってほしい。
⑦自分の持ち物をなくしたり、忘れ物が多いのをどうにかしてほしい。
⑧お店(スーパー、デパート、銀行など)に行った時に静かにしてほしい。
⑨外食(ファミリーレストランなど)で静かにしてほしい。
⑩親が電話をかけている時に静かにしてほしい…など。

4．これからこの教室で親が学習することのポイント

＊親が子どもの見方、対応を変えれば、子どもを変えることができます！
　　「親が変われば子どもは変わる」
＊親の変わり方(親の子どもに対する変身の技術・スキル)を教えます！
　　「少しのことでも子どもの出来ることに注目し、ほめましょう！」

5．学習室プログラムとお薬の併用

＊お薬…メチルフェニデート(リタリン)、抗うつ剤、その他
＊このプログラム参加前からお薬を飲んでいる方は、そのまま飲み続けて頂きます。
＊このプログラムに参加して、初めてADHDに効く薬を知り、そのお薬を希望される場合は、このプログラム終了後の外来診察でご相談を受けます。

【キーワード】〈ADHD(注意欠陥／多動性障害)〉〈行動観察〉〈行動分析〉〈消去〉
〈課題分析〉〈強化〉〈ポイントシステム〉〈タイムアウト〉〈レスポンスコスト〉
〈構造化〉〈行動理論〉〈行動療法〉

セッション2　事例の紹介

　お母さんの学習室に参加すると、子どもさんはどのように変わっていくのでしょうか。
このセッションでは、学習室の効果について事例をあげて紹介していきます。

★このセッションのテーマ★
・学習室でどのようなことをするのか、見通しがもてるように
・学習室でどのような効果が得られるのか、見通しがもてるように

1．子どもに身につけさせたい行動はどんなことですか？

（代表例）
- 宿題をする
- 幼稚園の先生に朝の挨拶をする
- 食事を20分以内で終わらせる

2．子どもに直してほしい行動はどんなことですか？

（代表例）
- お店で自分勝手に走り回る
- 食事中、立ち歩く
- テレビゲームを終わらせる時、かんしゃくを起こす

3．目標にするのが難しい行動

（抽象的な目標の例）
　　　　・兄弟と仲良くする　・素直になる　・反抗しない
　これらを期待する場合、具体的にどのようなことが出来るようになって欲しいのか、目標を明確にしましょう。例えば…
「兄弟と仲良くする」→兄弟と順番にゲームをする　等、具体化しましょう
「素直になる」　　　→子どもさんがつまずいていることは何ですか？
　　　　　　　　　　何が出来るようになれば、その状況は回避出来ますか？
　　　　　　　　　　それを明確にし、後少しで出来そうな具体的な目標を探しましょう！

4．子どもの行動が改善されるために重要な視点

1）達成できそうな目標を見極める
2）子どもの行動をよく観察する（出来るだけ記録してみる）
3）出来るところから、一歩ずつ確実に
4）出来たら大いにほめ、出来ない時は工夫をしてみる

5．事例の紹介

事例1　目標「靴下がはけるように」
　　　　工夫したこと　①教材の工夫

事例2　目標「6時10分に起きる」
　　　　工夫したこと　①指示の出し方
　　　　　　　　　　　②うまく出来た時の対応

事例3　目標「テレビゲームを終える時、かんしゃくを起こさない」
　　　　工夫したこと　①指示の出し方
　　　　　　　　　　　②うまく出来た時の対応

事例4　目標「レジを通す前にお菓子を食べない」
　　　　工夫したこと　①困った行動への対応

6．お母さんの学習室で得られること

- 子どもの行動が変わります！
- お母さんの観察力が鋭くなります！
- 「うちの子も出来るんだ」という確信がもてます！
- お母さんの子育てへの自信がアップします！

毎日少しずつ、でも確実に目標に近づきます！

一つうまくいくことで、良い方向へ展開していきます！！

お母さん、お子さん、ご家族みんな、そして私たちスタッフ

一丸となって取り組んでいきましょう！

セッション3　行動の観察と記録の仕方

1. はじめに

この学習室では、お母さんがご家庭でお子さんに対応し、その様子を観察・記録してきていただきます。ですから、観察と記録は、お母さんの対応を決め、その効果を確かめるための大切な資料となります。このセッションでは、行動の観察と記録の仕方をご紹介します。

2. 行動の記述の仕方

（1）行動は、具体的・客観的に記述します。

- 5W1H「いつ、どこで、だれが、何を、どうして、どのように」
- 時間の長さ、回数、割合（比率）、程度
- どんな状況で／行動が起こる前、起こった後の出来事

1）具体的な行動の記述は、どれでしょう？

- 社会性がない　・根気がない　・食事中離席する　・理解力にかける
- 知らない人と挨拶が出来ない　・意欲がない　・宿題をしない

2）行動の具体化、客観化を判断するテスト（IBSOテスト）

① その行動は、回数を数えたり、時間を計ったりすることが出来ますか？

② その行動を他の人に話した時、その人が何を観察すればよいか、正確に知ることが出来ますか？

③ その行動は、それ以上細かな具体的行動として述べることが出来ないほど、客観的で、小さな行動ですか？

→　→　→　全部当てはまれば、合格です！

3. 目標行動の観察・記録のポイント

（1）身に付けさせたい行動

　　① 行動を細かいステップに分ける………例）宿題をする
　　② どれくらいの時間で出来るのか、観察・記録する
　　③ どれくらいの割合で出来るのか、観察・記録する

（2）減らして欲しい行動

　①行動の観察の仕方

　　きっかけ　→　　行動　　→　　結果

　②行動の頻度・持続時間・程度を観察・記録する

4. 観察・記録からわかること

1）子どもの進歩が順調か、そうでないかがわかる
2）子どもの進歩が客観的にわかり、他の人に知らせることができる
3）今の対応が効果的かどうか確認できる

5. 記録の紹介

これまでに、学習室に参加されたお母さんの記録の例をご紹介します。

セッション４　望ましい行動を増やすには
－ 強化について －

1. 強化とは

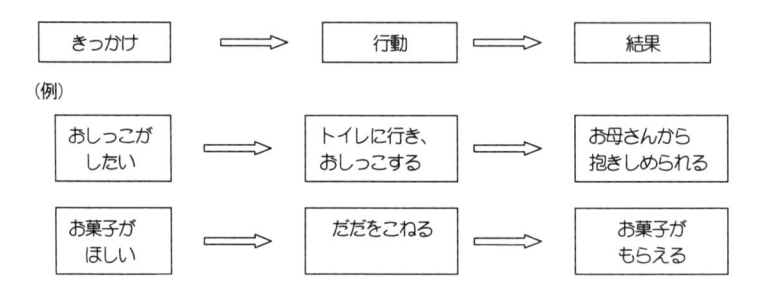

```
[きっかけ] ⇒ [行動] ⇒ [結果]
```

（例）

```
[おしっこがしたい] ⇒ [トイレに行き、おしっこする] ⇒ [お母さんから抱きしめられる]

[お菓子がほしい] ⇒ [だだをこねる] ⇒ [お菓子がもらえる]
```

* **強化**：強化子によって直前の行動が定着・増加すること

* **強化子**：満足する結果

2. 強化子の種類

* 種類はさまざま、子どもにあった強化子を探しましょう。

    ・ 食べ物
    ・ 飲み物
    ・ もの
    ・ かかわり・活動

* **一次性強化子**…人が生まれもって（本能的に）欲しがるもの

* **二次性強化子**…経験によって強化子として作用するようになるもの

3．強化子を用いる際の留意点　―強化子の力を最大限に利用するための秘訣―

1) 普段は手に入らないように
2) より効果的な状況で
3) その場ですぐ
4) 「〇〇が出来たから□□（強化子）ね」と理由も言って
5) ほめ言葉、笑顔も忘れずに
6) 初めは出来ていることから強化子を
7) 行動を出来やすいよう工夫して
8) 一回の量は少なく、回数を多く出来るよう、初めは毎回強化
9) 行動が安定して出来るまで続けましょう
10) 抽象的でなく具体的でインパクトのあるものに
11) 強化子になっているかチェックしつつ

4．強化スケジュール

（1）　連続強化スケジュール…目標行動が起こるたびに強化する方法

（2）　間欠強化スケジュール…間隔をあけて強化していく方法

5．様々な強化の仕方

（1）　**プレマックの原理**…日常よくとっている行動は、二次性強化子の働きをします。

（例）　お皿を洗ったら公園で遊んでいいよ！

（2）　**トークン強化子**…お金と同じような意味を持つ代用貨幣のことです。

（例）　シールが10枚たまったら、マンガ本を1冊買っていいよ！

セッション5　ポイントシステム

1. トークンシステム— 望ましい行動を増やします —

トークン（代用貨幣）とは？（シール、スタンプ、おもちゃのコイン、カード類）
それ自体は価値はありませんが、価値のあるいろいろなもの（＝**バックアップ強化子**）と交換することができます。スーパーやレンタルビデオ店のスタンプカード、ベルマークなどがその一例です。スタンプやシールを集めたら自分の好きな商品、サービス（割引、レンタル1本無料）等と交換することができます。

強化したい行動をしたら、トークン強化子を与えます。そのトークン強化子はバックアップ強化子と交換することができます。

（1）まず、どんな行動をどれくらいしたらトークン強化子をもらえるかを決めます。
　　　子どもがポイントをもらいやすくすることが大切です。
　　　　・子どもができる、もう少しでできそうな課題を選びます。
　　　　・行動を細かいステップに分け、ステップごとにトークンを与えます。

（2）トークン強化子をいくつ貯めたらバックアップ強化子として何をもらえるのか、
　　　もしくは、何ができるのかを決めます。お子さんと話し合って決めましょう。
　　　　・バックアップ強化子はいくつかの中から選ぶようにすることもできます（商品はいくつもあると楽しいです。子どもの気は変わりやすいものです）。
　　　　・初めは、子どもがバックアップ強化子を<u>すぐにもらえる</u>ように約束をしましょう（スーパーだって開店当初は大安売りです！）。

（3）強化したい行動がみられたら、<u>その場ですぐに</u>トークンを与えましょう。

（4）トークンが約束の数だけたまったら、すぐにバックアップ強化子と交換します。トークンの前借りはさせません。

例1　【食事中ずっと座っていられたらシールを5枚もらえる】
→お母さんが「ご飯よ」と声をかけ、席についたらシールを1枚
　食事開始後3分座っていたらシールを1枚
　それから3分座っていたらシールを1枚
　食べ終わるまで座っていたらシールを2枚
⇒シールが10枚たまったら、100円と交換できる

例2　【放課後、宿題をしたらスタンプを5個もらえる】
→午後4時までに机に座ったらスタンプを1個
　　鉛筆を握ったらスタンプを1個
　　はじめの1問をといたら（1行書いたら）スタンプを1個
　　半分やり終えたらスタンプを1個
　　全部終わったらスタンプを1個
⇒スタンプが10個たまったら
　　（ゲームを15分延長）・（ポケモンシール1枚）・（アイスクリーム1個）の中から一つ選ぶ

例3　【犬にえさをやったら5点獲得！】
→お母さんが容器に入れたえさを犬のところに持っていったら2点
　　お母さんが準備したえさを容器に入れたら1点
　　容器を準備してえさを容器に入れたら2点
⇒5点で　夜起きている時間を30分延長できて、ゲームをしたり、テレビを見たりしていい
　10点で　50円と交換できる
　15点で　（マンガを一冊）・（ビデオを1本レンタル）・（ゲームを30分延長）の中から一つ選ぶ

もし兄弟がいるのなら…兄弟にもトークンシステムを！

2．レスポンスコスト　—望ましくない行動を減らします—

不適切な行動があったら、強化子を取り上げる方法です。
　例　大人　交通違反をすると運転免許の点数が減点され、罰金、免許停止、
　　　　　　免許取り消しなどの罰があります。
　　　子ども　宿題を始めるのが午後6時を過ぎると今日はゲームはできません。

トークンシステムの中でのレスポンスコスト
（1）どんな行動をしたらいくつのトークンを取り上げられるかを子どもと一緒に決める。
　　例　妹とケンカをしたらシールを1枚取り上げられる
　　　　スーパーで大声を出したら得点を5点減らす

（2）決めた不適切な行動が見られたら、すぐにトークンを取り上げる。

<u>**決めた行動以外の行動でトークンを取り上げてはいけません。**</u>

方法を始める前の取り決めが大事です！

セッション6　環境の整え方

　子どもに指示を与えようとする時や、パニックにならないようにする時、どのような方法が有効なのでしょうか？そういう時に、子どもの周りの環境をちょっと変えてやるだけで、うまくいくことがあります。
　また、課題そのものを工夫したり、指示の出し方に気をつけたりするだけでも、子どもの行動は、全然違ったものになるでしょう。今までの観察結果・行動を検討し、

- ◆ 興味のあることは何か？
- ◆ どのくらいの時間・量ができるのか？
- ◆ どのような場面ならできるのか、あるいはしないのか？
- ◆ どのような指示・方法ならばスムーズに理解できるのか？
- ◆ 理解できる情報の質・量はどういうものか？

などを、しっかりと把握した上で、子どもをとりまく環境を工夫しましょう。

1．環境を変える　—本人の周囲にあるものは総動員で利用！—

（1）問題行動が起きにくくする、あるいは起こさせないようにするための工夫

　例：食事中の離席　…　①興味を引きそうなものが食卓の周りにないか？
　　　　　　　　　　　　②子どもの席に座り、子どもの目線で正面・両側に何が見えて、何があるのかを確認
　　　　　　　　　　　　③兄弟、姉妹、親の席の配置はどうなっているのか？
　　　　　　　　　　　　④電話やテレビの位置は？
　　　　　　　　　　　　⑤壁や家具の利用

（2）物理的構造化

- ◆ 勉強の部屋、食事の部屋、遊びの部屋の区別
- ◆ カームダウンエリア（落ち着き場所・部屋）：
　混乱したり、興奮したりした時に利用。刺激から遠ざかり、気持ちを自分でコントロールし、安定をはかるための場所。
- ◆ タイムアウトエリア（部屋・椅子など）
- ◆ トランジションエリア（中継場所）←壁やテーブルの利用
　個別のスケジュールが提示されており、一つの活動か次の活動に移る時の手がかりを用意する場所。混乱しがちな子どもの活動をスムーズにする。
- ◆ 壁、棚、ついたて、カーペットなどの利用

2．時間の構造化

（1）スケジュール表
- ◆ いつ、どこで、何をすればいいのかを理解させる方法
- ◆ 首尾一貫していて、先の見通しが予測できるような枠組み←明確に！
- ◆ 決められた場所（中継地）に提示
- ◆ 我が家の日課を決めましょう！（食事、入浴、睡眠、登校時間など）
  - ☞方法…・文字のみ、絵、写真、絵と文字、写真と文字
  - ・左から右へ又は上から下への順序

（2）予告
- ◆ 急な予定の変更には対応できないことが多いので、何でも早めに予告して心の準備をさせる（例：祝日には大爆発の材料が揃っている！）。
- ◆ 確実に理解できるように復唱する。

3．約束表

1）「今はどんな行動をする時間かな？」→子どもにひと目で分かるように！
2）行動に対しては、間違えようがないくらいはっきりと示す
3）子どもが選択できる状況を演出（2つ以上の状況を設定して子どもに好きな方を選ばせる）。
4）はっきりした言葉で表現された我が家のルールを作る
5）ルールを理解しやすくしてやり、賞罰にも一貫性をもたせる→誤解や混乱の防止
6）計画性をもたせる
7）表には「〜しない」ではなく「〜しよう」という肯定文で書く
   例：「おっちの人を叩かない」→　　　　　　　　「廊下を走らない」→
8）毎日繰り返されるような行動だけに絞る
   例：〈決められた時間に寝る〉　〈宿題を忘れずにやる〉
9）結果を表に書き込む
10）毎日、その日の行動について親子で話し合い、チェック表を完成させる
11）毎日の合計点に応じて、ご褒美や罰を与える

4．課題の構造化

1）注意持続時間に合わせて宿題や勉強時間を調整→タイマーの使用
2）長い課題はより小さな部分に分割して、一つ終えたらその度に採点し、評価を与えてから次の課題に進み、課題の終わりの見通しを与える
3）見出し付きノートやフォルダーやカードなどの利用
4）短期目標の設定
5）指示の出し方→視線を合わせ、何度も繰り返さない（子どもの反応を待つ）。一度に一回の指示
6）ポジティブな行動と課題の成果には頻繁に賞賛する→気分（Mood）をよくさせる

セッション7　困った行動を減らすには

子どもが問題行動を起こしたり言う事をきかない時はどうしたらよいでしょう？
このセッションの目的は、子どもの反抗的行動や指示に応じない等の問題行動を減らすことです。ADHDをもつ子どもにはどんな配慮が必要でしょうか？

子どもが言う事をきかない、反抗的である　⇐ADHDが直接の原因ではありません
　"悪循環"：罰→問題行動→罰→問題行動（意欲低下）→……は禁物

子どもの不従順や反抗的行動、問題行動が強められる前に、お母さんが手をうつ効果的ないくつかの方法があります。

【問題行動に対処する基本的な方法】

(1) **他の行動や両立しない行動の強化**：まずこの視点で工夫してみましょう！

(2) **計画的無視**：親や周囲の関心や反応によって問題行動が維持されたり、強められたりしている時効果的です。

(3) **レスポンスコスト**：トークンシステムとの組み合わせ。獲得した得点を減らす方法です。

(4) **タイムアウト法**：
　タイムアウトとは、計画的無視と同じ；問題行動を強化していること（もの）から子どもを引き離すこと、子どもを一定時間、静かで離れた場所に移動させることです。

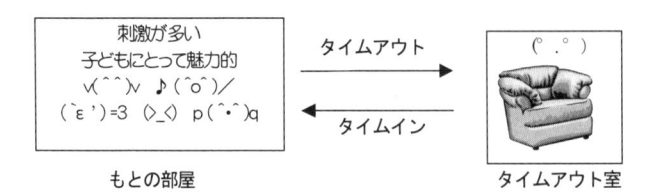

```
┌─────────────────────┐                    ┌──────────┐
│   刺激が多い          │    タイムアウト       │ (゜.゜)  │
│ 子どもにとって魅力的    │  ─────────→        │ ＿＿＿  │
│ v(^^)v ♪(ˆoˆ)/      │                    │ ｜  ｜  │
│ (`ε')=3 (>_<) p(ˆ・ˆ)q │ ←─────────        │ソファ   │
│                      │    タイムイン        │          │
└─────────────────────┘                    └──────────┘
　　　もとの部屋　　　　　　　　　　　　　　　　　　タイムアウト室
```

1）タイムアウトの基本

① 子どもにとって、その場で強化子になっているものを取る
② 親がその場から立ち去る（no-physical　timeout）
③ 子どもを部屋の隅に腰掛けさせる
④ 子どもを退屈な部屋に短時間居させる

2）タイムアウトに使う場所

3）タイムアウトの手続き

 ① 子どもの問題行動を一つだけ選択する

 ② [青信号]
 1…子どもに指示を与える（分かりやすい言葉、中立的口調）
 2…5から1へカウントダウン（5秒間）

 ③ [黄信号]
 1…しっかり目を見て声を大きくして警告する。場所（例えば、椅子）を指差しながら
 2…5から1へカウントダウン（5秒間）

 ④ [赤信号]
 「～だったから、椅子に行きます」　タイムアウト　「いいと言うまで座っていなさい」

 ⑤ タイムアウト終了後、再び指示を出す
  応じなければ、②③④を繰り返す

4）タイムアウトの時間

   ◆ 子どもの年齢　×　1～2分（問題の程度による）

  ◆タイムアウトが終わる時：3つの条件があります

 ① 最初に決めた時間がすぎる
 ② 子どもが落ち着いている（30秒間）
 ③ 最初の指示に従うこと、してしまったことは再びしないことの約束

<u>タイムアウトは、効果的な方法です</u>

<u>タイムアウトを体験してみよう！</u>

セッション８　外出先での工夫・対処法

　このセッションでは、これまで学習してきたこと（ポイントシステムやタイムアウトなど）を家庭以外の場面でどの様に応用していくかを学習します。

１．どんな経験をしましたか？

店（スーパー、コンビニ、お菓子・ゲームコーナー、おもちゃ売り場など）
レストラン（ファミレスなど）
自動車の中
訪問
銀行
冠婚葬祭、地域行事
　それを予期しましたか？冷静でいられましたか？周囲の目は？
　子どもにどうして欲しかったですか？対応の方法を考えましたか？

２．前もって考える、計画を立てる (Planning Ahead)

- その状況ではどんな問題行動が起こりそうですか？予測してみよう。
- 約束を守った時いいことがある、<u>守る気になる強化子の準備</u>。
- どのような技法を適用するか決めておきましょう。
- うまくいっている方法、子どもが気に入っている方法で計画しよう！
- 公共の場に出かける前に、約束がどの程度理解できているか、守った時どうなるか、守らなかった時どうなるか、子どもに確認する（言わせる）。
- 根回しの大切さ（店員と知り合いになる、他家の協力、親戚と共同作戦）。

<u>**行動→結果は、どこであろうと一貫させる！**</u>

３．言葉にしてリハーサル、前もって作戦を練ろう(Think Aloud－Think Ahead)

起こりやすそうなところを紙に書いてみましょう。
１）出かける前に約束を確認する、復唱させる（単純で分かりやすい言い方）。
２）公共の場に入る前にストップ！約束を伝える、確認し復唱させる。
３）うまくいった時のために、強化子を決めておく・準備する・伝える。
４）不服従に対する対処法を確立する・伝える。
５）子どもに手伝わせる、仕事を与える。
　子どもをほめたり、子どもに感謝できるチャンスは多すぎるくらい準備します。

下見をしておく、建物の場所と構造を知っておく
規則を守っていること、仕事を果たしていることを見逃さない、ほめる、人前でほめる

4. タイムアウトの方法

時間　　（30秒～1分）×年齢、家庭におけるタイムアウトより短め
場所　　静かで辺鄙な場所（物に手足が届かない隅で壁に向かって）

（1）一定時間過ごし、静かにできて、元の状況にうまく戻ることができたら終了
目標「買い物の間、お母さんと一緒にいる。守れなかったらタイムアウト、それでも守れなければ買い物は出来ない」
①お母さんから離れたら連れ戻す
②お母さんから離れたらタイムアウトのあることを思い出させ、連れ戻す
③お母さんから離れたらタイムアウトを与え、その後、買い物を続ける
④お母さんから離れたら監視、できるなら買い物を切り上げて自動車に連れ戻す

（2）子どもは人前を気にし譲ってしまう親をよく観察しています（クレヨンしんちゃん）。
・親は反応を速くし、断固とした態度を示す必要があります。
・明らかな規則違反・不従順は初めから → **即タイムアウト**（警告どおり）

（3）タイムアウトの場所がない場合
・建物外でそのような場所を見つける
・車に連れて行く、後部座席かその床（親は前席か外）
・親の記録 ……　・専用ノートの準備
　　　　　　　　・手の甲にマーク
　　　　　　　　・トークンと組み合わせる（レスポンスコスト）
　　　　　　　　・外出が楽しみな子ども＝外出の機会と組み合わせる
　　　　　　　　・外出先が退屈な子ども＝帰宅後の楽しみを用意する
　　　　　　　　・帰宅後のタイムアウトは基本的には役立ちません

（4）自動車の中で
・退屈しないための工夫をする。いろいろな方法があります。

{　　　　　　　　　　　　　　　　　　　　　　　　　　　}

・タイムアウトは
　→駐車して　（運転中はしないこと！）
　→後部座席かその床（車外にマットを出して座らせることも）

① 前もって子どもと話し合っておくことは、子どもの意見を聞き、子どもに選択させ、子どもに学ばせるためにとても効果がある方法です。

② タイムアウトまでいかないことがほとんど（伝家の宝刀）、

外出先がごほうびになれば大成功！

資料2　ホームワークシート

HOME　WORK　1

<u>子どもの氏名　　　　　　　　　　　　　</u>

1. 獲得させたいこと（技術）を5つさがしてください。獲得させたい順に番号をつけて下さい。

2. なおしたいこと（困っていること）を5つさがして下さい。なおしたい順に番号をつけて下さい。

HOME WORK 2　　　　　日付　H　年　　月　　日

　　　　　　　　　　　なまえ＿＿＿＿＿＿＿＿＿＿

子どもさんが、好きなもの・喜ぶことはなんですか？
次のそれぞれに関して、あげて下さい。

・食べ物

・のみ物

・遊び

・品物

・言葉や態度などのかかわり

ホームワーク３

氏名：＿＿＿＿＿＿＿＿＿＿＿＿＿＿＿

<u>どんなとき</u>……………………………… <u>行動</u> ……………………………… <u>結果として</u>

ホームワーク3〜10

HOMEWORK [　]　H.　年　月　日
お名前 _____

資料3　目標行動評価シート

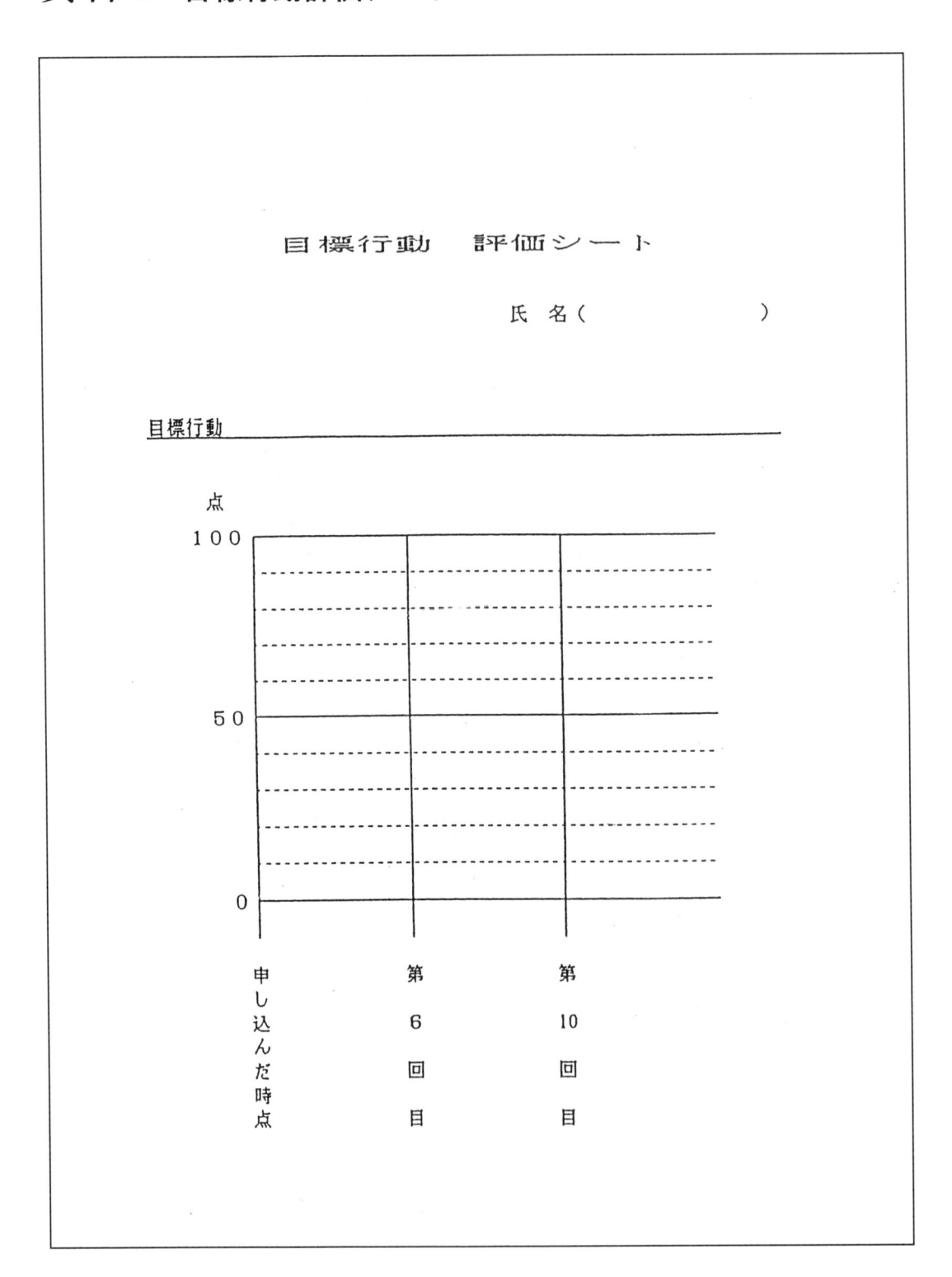

目標行動　評価シート

氏　名（　　　　　　　）

目標行動 _____

点
100
　
　
50
　
　
0

申し込んだ時点　　第6回目　　第10回目

資料4 質問紙とアンケート

　お母さん方に回答していただいた質問紙による評価法やアンケートを紹介します。

（1）Knowledge of Behavioral Principle as Applied to Children（KBPAC）

作成……梅津耕作（1982）「KBPAC」（行動療法研究会）
形式……親の養育知識を評価する50項目の質問紙。
内容……各質問に対し4つの選択肢があり、その中から最も適切なものを選びます。
・選択肢には行動変容の原理に基づいた正解がひとつ含まれており、回答が正解の場合、得点として1点が加算されます。高得点ほど、養育技術の知識に優れていることになります。
・親訓練前と訓練後の2回実施し評価をします。

（2）Questionnaire on Resouces and Stress（QRS）

作成……Friedrich, Greenberg, Crnic (1983)　本書スタッフ訳
形式……親の養育上のストレスを測る質問紙
内容……それぞれの項目について「はい」または「いいえ」がランダムにストレスの高い回答になっていて、ストレスが高い方に回答した場合に1点が加算されます。
・QRSで測られる養育上のストレスは、次の4つの因子から成り立っています。第1因子「親と家族の問題」、第2因子「悲観」、第3因子「子どもの特徴」、第4因子「身体能力の低さ」となっています。

（3）Beck Depression Inventory（BDI：ベックうつ病尺度）

作成……Beck, A. (1967)　大月三郎（元岡山大学）訳
形式……抑うつ気分の程度を自己評価する質問紙
内容……抑うつ症状を問う21項目の質問からなり、各項目ごとに1つから6つの選択肢が用意され、その中から自分の状態に最もよく当てはまるものを選びます。選択肢はそれぞれ0点から3点にカウ

ントされ、抑うつ気分が高いほど得点は高くなります。

（4）Children's Behavior Checklist（CBCL：親用）
作成……Achenbach, T.M. (1991)　児童思春期精神保健研究会訳
形式……親が記入する子どもの行動調査表
・年齢、性別に応じて、2～3歳用と4～18歳用の4種類があります。
内容……子どもの行動や状態に関する各質問に対し3つの選択肢が設けられ、0点から2点にカウントされます。
・2～3歳用：100項目あり、現在あるいは2カ月間の子どもの状態について最もあてはまるものを選ぶ形式です。
・4～18歳用：113項目。各質問に対する3つの選択肢は2～3歳用と同じです。現在あるいは6カ月以内の子どもの状態について記入します。
・記入後、プロフィール表に数値を入れて、折れ線グラフを作り、子どもの行動や状態を把握します。

（5）Home Situations Questionnaire（HSQ）
作成……Barkley, R.A. (1987), Defiant Children: A Clinician's Manual for Parent Training「反抗的子ども―臨床家による親のためのトレーニングマニュアル」(The Guilford press) から引用
形式……家庭での様子に関する質問紙
内容……16項目の状況や場面で、親の指示、言いつけ、規則に子どもが従わないで困る時に、その問題の程度を1～9の数値で記入する質問紙です。
・当てはまる場面があれば、「はい」を○で囲み、どれくらいの程度（軽い～重い）なのか、数字に○をつけます。

（6）Disruptive Behavior Rating Scale-Parent Form（DBRS）
作成　……Barkley, R.A.; Kelstin, R.M. (1998) ADHD: A Clinical Workbook (2nd ed.) (The Guilford press) から引用
形式……子どもの問題行動を調査する26項目の質問紙。
内容……各質問に対して4段階の程度（0～3）が示されており、あてはまる数値に○をつけていく形式です。

QRS

QRS質問表　　お名前　　　　　　　　　日付 H 　年　　月　　日

お子さんに対するあなたやご家族の気持ちをお聞かせください。それぞれの項目の『はい』『いいえ』のいずれかに レをつけてください。

　　　はい　いいえ
1. □　□　この子は　同年齢の子どもとの交流がありません。
2. □　□　家族は　この子のために何かと我慢しなければなりません。
3. □　□　私の家族は　大切なことがらに関しては意見が一致します。
4. □　□　私が面倒をみられなくなったとき　この子がどうなることか心配です。
5. □　□　この子ばかりに手がかかり　他の家族の世話がおろそかになります。
6. □　□　この子の将来の職業は　非常に限られています。
7. □　□　この子が将来生きていくには　特定の環境（例：施設，グループホーム）が必要だということを承知しています。
8. □　□　この子は　ひとりで食事をとることができます。
9. □　□　私はこの子の世話のため　本当にやりたいことをあきらめています。
10. □　□　この子は　家族にとけこんでいます。
11. □　□　私はこの子を人前に出すのをためらいます。
12. □　□　将来　私の家庭は近所付き合いが増えたり　子ども達が大きくなって出費が増えたりするので大変だと思います。
13. □　□　この子が　これからもずっとこの調子だろうと思って心配です。
14. □　□　この子を人前に連れていくとき　私はいつも緊張します。
15. □　□　私は行きたい時には　いつでも友人のところへ行けます。
16. □　□　この子を連れて遊びにいくと　家族全体の楽しみが台無しになります。
17. □　□　この子は　自分の住所をいえます。
18. □　□　家族一緒にやれたことは　今も以前もあまり変わりません。
19. □　□　この子は　自分の名前をわかっています。
20. □　□　私は自分の将来を考えると　いてもたってもいられない気持ちになります。
21. □　□　私は　この子のために　恥ずかしい思いをすることがよくあります。
22. □　□　この子は　当然できるはずのことをしません。
23. □　□　この子は理解力がないために　こちらのいうことが通じません。
24. □　□　この子を連れていっても　家族で楽しめる場所がたくさんあります。
25. □　□　この子は過保護になっています。

	はい	いいえ	
26	☐	☐	この子は ゲームやスポーツに参加できます。
27	☐	☐	この子は暇をもてあましています。
28	☐	☐	私はこの子が普通の生活をできないので がっかりしています。
29	☐	☐	この子は 自由時間をぼーっと過ごしています。
30	☐	☐	この子は注意が長続きしません。
31	☐	☐	私には くつろぐ時間があります。
32	☐	☐	この子が大きくなったとき 私は何をしてやれるだろうかと心配です。
33	☐	☐	私は疲れていて 楽しむ余裕がありません。
34	☐	☐	この子がなついてくれているので 私はうれしいです。
35	☐	☐	家族の中には 不平不満が山ほどあります。
36	☐	☐	この子は ひとりで大便ができます。
37	☐	☐	この子は 自分のいったことをすぐ忘れます。
38	☐	☐	この子はバスに乗れます。
39	☐	☐	この子とのコミュニケーションは スムーズにできます。
40	☐	☐	私は この子の世話にあけくれて 自分のための時間がとれません。
41	☐	☐	この子は 自分なりのプライドを持っています。
42	☐	☐	この子のことを考えると 私は悲しくなります。
43	☐	☐	私が面倒をみられなくなったとき この子がどうなることかいつもいつも心配でたまりません。
44	☐	☐	この子が何を言っているのか 他人にはわかりません。
45	☐	☐	この子の世話は 私にとって重荷です。
46	☐	☐	私の家族は 他の家族と同じことができています。
47	☐	☐	この子のことは 私の家族にとってずっと問題になるでしょう。
48	☐	☐	この子は 人に自分の気持ちを伝えることができます。
49	☐	☐	この子には オネショマットやおしめが必要です。
50	☐	☐	私は 落ち込むことはめったにありません。
51	☐	☐	私はいつもくよくよしています。
52	☐	☐	この子はひとりで歩けます。

ご記入ありがとうございました。

HSQ

家庭での様子に関する質問紙　　Home Situations Questionnaire

子どもの名前 _____　　　日付 _____

記入した人の名前 _____

記入のしかた：次の状況や場面で、あなたからの指示、言いつけ、規則に子どもが従わないで困っていませんか？　当てはまる場面があれば「はい」を○で囲んでください。そしてどれくらい問題なのか数字に○をつけてください。子どもに問題がないならば「いいえ」に○をつけ、次の場面に進んでください。

場面	はい・いいえ	問題の程度 軽い ─────────────── 重い
1. 一人で遊んでいるとき	はい・いいえ	1　2　3　4　5　6　7　8　9
2. 他の子どもと遊んでいるとき	はい・いいえ	1　2　3　4　5　6　7　8　9
3. 食事中	はい・いいえ	1　2　3　4　5　6　7　8　9
4. 服を着るとき	はい・いいえ	1　2　3　4　5　6　7　8　9
5. 手(顔)を洗うとき・入浴中	はい・いいえ	1　2　3　4　5　6　7　8　9
6. あなたが電話をかけているとき	はい・いいえ	1　2　3　4　5　6　7　8　9
7. テレビを見ているとき	はい・いいえ	1　2　3　4　5　6　7　8　9
8. 客がきているとき	はい・いいえ	1　2　3　4　5　6　7　8　9
9. あなたと誰かの家にいったとき	はい・いいえ	1　2　3　4　5　6　7　8　9
10. 公共の場(レストラン、店など)	はい・いいえ	1　2　3　4　5　6　7　8　9
11. 父親が家にいるとき	はい・いいえ	1　2　3　4　5　6　7　8　9
12. お手伝いを頼んだとき	はい・いいえ	1　2　3　4　5　6　7　8　9
13. 宿題をするように言ったとき	はい・いいえ	1　2　3　4　5　6　7　8　9
14. 就寝時間になったとき	はい・いいえ	1　2　3　4　5　6　7　8　9
15. 車の中で	はい・いいえ	1　2　3　4　5　6　7　8　9
16. 誰かが子守り(相手)をしているとき	はい・いいえ	1　2　3　4　5　6　7　8　9

Total number of problem settings _____　　Mean severity score _____

DBRS

子供の行動調査票

お子さんのお名前_____ 性別［男・女］ 年齢____才 学年____
回答した方：（母　父　祖父母　その他：_____） 記入日___年___月___日

◆この6ヶ月間のお子さんの行動についてお伺いします。
それぞれの項目に対して、お子さんの行動に最もよく
あてはまる数字に丸をつけてください。

項目	全くなしか まれに	時々	しばしば	大変頻繁に
1. 学業で綿密な注意を払えない、または不注意な過ちをおかす	0	1	2	3
2. 手足をそわそわと動かし、またはいすでもじもじする	0	1	2	3
3. 課題や遊びの活動で注意を持続することが困難	0	1	2	3
4. 教室やその他の座っていることを要求される状況で席を離れる	0	1	2	3
5. 直接話しかけられた時に聞いていないようにみえる	0	1	2	3
6. 不適切な状況で余計に走り回ったり高いところへ上がったりする	0	1	2	3
7. 指示に従えず、学業をやり遂げることができない	0	1	2	3
8. 余暇活動をしたり、または静かに遊んだりできない	0	1	2	3
9. 課題や活動を順序立てることが困難	0	1	2	3
10. 「じっとしていない」または「まるでエンジンで動かされるように」行動する	0	1	2	3
11. 精神的努力の持続を要する課題に従事することを避ける、嫌う、いやいやする	0	1	2	3
12. しゃべりすぎる	0	1	2	3
13. 課題や活動に必要なものをなくす	0	1	2	3
14. 質問が終わる前に出し抜けに答えてしまう	0	1	2	3
15. 容易に注意をそらされる	0	1	2	3
16. 順番を待つことが困難	0	1	2	3
17. 毎日の活動を忘れてしまう	0	1	2	3
18. 他人を妨害し、邪魔する	0	1	2	3

◆あなたが最初に前記の問題に気づいたのはお子さんが何歳の時ですか。_____

◆この6ヶ月間、前のページであなたが問題と思われている行動（全体として考えて）があることで、お子さんの活動にどの程度の支障となっていると思いますか。以下の日常生活のそれぞれの場面で考え、あてはまる数字に丸をつけてください。

項目	全くなしか まれに	時々	しばしば	大変 頻繁に
直接の家族との家庭生活で	0	1	2	3
他の子供との社会的交流で	0	1	2	3
地域の活動や交際で	0	1	2	3
学校で	0	1	2	3
スポーツ、クラブ、他の組織で	0	1	2	3
自分自身で学習する事態で	0	1	2	3
遊び、余暇、リクレーション活動で	0	1	2	3
日常の雑仕事または他の責任を担う状況で	0	1	2	3

◆また、この6ヶ月間、次のそれぞれの項目のお子さんの行動に、最もよくあてはまる数字に丸をつけてください。

項目	全くなしか まれに	時々	しばしば	大変 頻繁に
19. かんしゃくを起こす	0	1	2	3
20. 大人と口論をする	0	1	2	3
21. 大人の要求、または規則に従うことを積極的に反抗または拒否する	0	1	2	3
22. 故意に他人をいらだたせる	0	1	2	3
23. 自分の失敗、不作法な振る舞いを他人のせいにする	0	1	2	3
24. 神経過敏または他人からいらいらさせられやすい	0	1	2	3
25. 怒り、腹を立てる	0	1	2	3
26. 意地悪で執念深い	0	1	2	3

著者紹介

會田　千重　あいた　ちえ
肥前精神医療センター、医師
7章　担当

磯村　香代子　いそむら　かよこ
九州大学、研究生
5章・9章　担当

伊藤　啓介　いとう　けいすけ
肥前精神医療センター、心理療法士
2章　担当

大隈　紘子　おおくま　ひろこ
大分県精神保健福祉センター、センター長
序章・1章　担当

岡村　俊彦　おかむら　としひこ
西別府病院、療育指導室長
6章・資料4　担当

温泉　美雪　おんせん　みゆき
横浜市南部地域療育センター、臨床心理士
3章　担当

野中　美穂　のなか　みほ
肥前精神医療センター、心理療法士
10章　担当

免田　賢　めんた　まさる
佛教大学教育学部臨床心理学科、講師
序章・8章・11章　担当

山田　正三　やまだ　しょうぞう
菊池病院、療育指導室長
4章　担当

肥前方式親訓練プログラム
AD/HD をもつ子どものお母さんの学習室

	2005年5月15日　初版　1刷
	2008年9月25日　　　　2刷
編	独立行政法人国立病院機構 肥前精神医療センター情動行動障害センター
監　修	大隈紘子・伊藤啓介
発行人	吉田三郎
発行所	㈲二瓶社 〒558-0023　大阪市住吉区山之内2-7-1 TEL 06-6693-4177　FAX 06-6693-4176

印刷製本　モリセト印刷株式会社

ISBN 978-4-86108-004-3 C3037